9 to 6
공식을 깨라!

9 to 6 공식을 깨라!

발행일	2019년 1월 4일		
지은이	김 선 무		
펴낸이	손 형 국		
펴낸곳	(주)북랩		
편집인	선일영	편집	오경진, 권혁신, 최예은, 최승헌, 김경무
디자인	이현수, 김민하, 한수희, 김윤주, 허지혜	제작	박기성, 황동현, 구성우, 정성배
마케팅	김회란, 박진관, 조하라		
출판등록	2004. 12. 1(제2012-000051호)		
주소	서울시 금천구 가산디지털 1로 168, 우림라이온스밸리 B동 B113, 114호		
홈페이지	www.book.co.kr		
전화번호	(02)2026-5777	팩스	(02)2026-5747

ISBN	979-11-6299-491-7 03320 (종이책)	979-11-6299-492-4 05320 (전자책)

이 도서의 국립중앙도서관 출판예정도서목록(CIP)은 서지정보유통지원시스템 홈페이지(http://seoji.nl.go.kr)와
국가자료공동목록시스템(http://www.nl.go.kr/kolisnet)에서 이용하실 수 있습니다.
(CIP제어번호: CIP2018042789)

(주)북랩 성공출판의 파트너

북랩 홈페이지와 패밀리 사이트에서 다양한 출판 솔루션을 만나 보세요!

홈페이지 book.co.kr • **블로그** blog.naver.com/essaybook • **원고모집** book@book.co.kr

9 to 6

공식을 깨라!

I

이제 어엿하게 하나의 장르가 된 K-POP의 약진이 눈부시다.

BTS(방탄소년단)가 지난 9월 발표한 〈DNA〉라는 곡이 한국 가수 최초로 빌보드 차트인 핫 100과 빌보드 200에 동시에 4주 연속으로 이름을 올렸다고 한다.

K-Beauty의 약진도 대단하다.

설화수, 헤라, 아이오페, 라네즈를 해외에서 보는 것은 이제 어려운 일이 아니다.

이니스프리(Innisfree)는 올해 미국 뉴욕에 매장을 열었고 오픈 첫날에는 고객들이 매장 앞에 줄을 섰다고 한다. 깨끗한 이미지와 착한 가격으로 호평을 받고 있다고 한다.

라네즈는 미국과 캐나다의 세포라(SEPORA)에 온라인, 오프라인으로 입점했다.

설화수는 뷰티의 본고장 파리의 갤러리 라파예트에 단독으로 입점했다고 한다.

정말 대단하다.

무어의 법칙에 따른 세계화의 가속화와 슈퍼노바의 세상에서 산업의 틀은 변하고 있다.

제4차 산업혁명 시대에서는 인간보다 뛰어난 기계도 출현할 수 있다는 전제가 필요하다.

이렇게 발전하고 네트워크화된 사회에서 인간의 고립화가 심화된다면…. 그리고 물질의 풍요 속에서 불행하다고 생각하는 것.

행복을 이야기할 때 부탄(Bhutan)이라는 나라가 자주 회자된다.
부탄은 GDP가 한국의 10%도 되지 않는다.
고지대의 산악 국가로서 환경도 그렇게 좋은 나라는 아니다.

그러나 부탄 사람들은 작은 것에 감사한다.
조금 모자람에 만족할 수 있다는 것이다.

행복은 외부에서 주어지는 것이 아니라 내 안에서 온다는 말에
공감이 간다.

누구나 아마 카카오톡(카톡)의 사용을 잠시 중단해 본 경험이 있
을 것이다.

동의 없이 초대된 단톡방 초대, 대답을 요구하는 요청에 때론 고
단함을 느끼기도 한다.

물론 카톡은 순기능도 참 많다. 우리는 카톡을 통해서 간단한 질
문을 쉽게 할 수 있다. 외국에선 무료로 통화도 할 수 있고 메시지
도 보낼 수 있다.

그 외에도 우리는 위챗(We chat)과 요즘은 왓츠앱(Whats App)을 많
이 쓴다. 라인도 물론 쓰고.

우리가 바라든, 바라지 않든지 상관없이 우리는 서로 간에 촘촘히

연결된 세계화 시대에 살고 있다.

독일의 우체국은 물량 감소로 일주일에 3번만 배달한다. 목표는 일주일에 한 번씩 배달하는 것이라고 한다.

오늘은 스프링 백지 노트를 샀다.
며칠 남은 연말 기간에는 오랜만에 볼펜으로 칼럼을 써볼까 해서. 연필로 쓰고 지우며 교정하는 것도 나쁘지 않을듯하다.

쉽고 복잡하지 않은 아날로그의 간결함을 생각하며 오늘은 한번 아날로그의 하루를 보내 보고 싶다.

카톡 프로필 사진에 오늘은 "아날로그 데이라 카톡은 쉽니다." 하고 표시해 두고.

얼마 전 도널드 트럼프 미국 대통령이 예루살렘을 이스라엘의 수도라고 인정하자 팔레스타인은 물론이고 이슬람권이 강력하게 반발하고 있다.
그 일이 있고 난 며칠 후 나는 예루살렘(Jerusalem)을 방문했다.

유튜브의 과학 채널인 에이섭 사이언스(Asap SCIENCE)는 종말을 초래하는 큰 위협 요소에 관한 글을 작성했다.

〈뉴스위크(Newsweek)〉는 '소행성 충돌'이나 '슈퍼화산 폭발'처럼 완전히 인간의 통제를 벗어난 것도 있지만, 상위 4대 위협은 우리 자신들이 초래한 것이라고 슬프게 논평했다.

상위 4대 위협은 '인구 문제(1위)', '기후변화(2위)', '핵전쟁(3위)'이고, 4위가 '인공지능'이다.

‖

많이 늦은 저녁, 멀고 익숙지 않은 나라에 내렸다.

어제 트럼프 미국 대통령이 예루살렘은 이스라엘의 수도라고 선언했다. 하마스와 특히 이슬람 국가들의 저항이 심하다.

텔아비브의 해변은 아침 조깅하는 사람들로 붐빈다. 이들을 따라 올드시티까지 걸었다.

아침에는 슈퍼마켓(Supermarket)에서 〈뉴욕 타임스(The New York

Times)〉를 사고 〈예루살렘 포스트(Jerusalem Post)〉를 샀다.

그 자리에서 과일을 갈아주는 주스 가게에서 사과 민트(Apple Mint)를 큰 컵으로 받아서 들고 로스차일드 거리를 걷는다.

거리에 소형 현대·기아차들이 많이 보인다.

이스라엘에서 현대자동차는 점유율이 1위라고 한다.

한국인의 힘은 어디서 나오는 걸까?

아시아의 중심부로 싱가포르가 뜬다.

싱가포르는 새 국가 브랜드인 '열정을 가능하게 하다(Passion Made Possible)'를 론칭했다.

한국의 구호인 '적폐 청산과 부탄의 행복'과는 조금 콘셉트가 다르다.

오래전 한 TV 시사 프로그램에서 유명 저널리스트께서 인생은 고단한 것이라고 말씀하셨던 생각이 난다.

아프리카 아메리칸 가상의 도시 캣 피시에서 벌어지는 일을 다룬 오페라인 〈퍼기와 베스(Porgy and Bess)〉라는 작품이 생각난다.

어느 주간지에서 '2017년 올해의 인물'로 이국종 아주대 의대 교수를 선정했다.
'2016년 올해의 인물'로는 구글의 인공지능 '알파고'를 선정했고

2015년에는 메르스(MERS)와 싸운 대전 건양대병원 간호사들을 선정한 바 있다

"정말 그만둬야겠다는 마음을 먹을 때마다 조그만 구멍의 빛을 보았고, 그 빛을 따라오다 보니 여기까지 왔네요."라는 그의 말이 생각난다.

필자는 오랫동안 칼럼을 거의 쓰지 않았다.

오래전 블로그에 게재했던 글들을 모아 보았다.

2017년 12월
이스라엘 텔아비브에서

김선무

CONTENTS

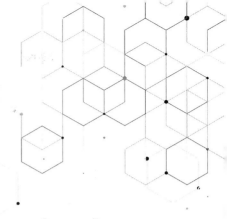

아름답다는 것

두 치수 넉넉한 흰 셔츠를 입은 사람.

자기를 소중하게 생각하는 사람.

오래된 흑백 사진.

아직 완성되지 않은 그림.

흰색의 주름 한 점 없는 피부보다 다른 사람을 배려하는 사람.

곡선의 파도(Wave) 같은 흰색의 커피 머신.

마음을 열고 자신을 믿는 사람.

자기만의 스타일로 당당하게 일하는 사람.

한 잔의 티(Tea)와 함께 여유로운 시간.

당신, 이제 당신이 선택한다

시간은 누구에게나 공평하게 주어진다.

이만큼 평등한 것은 세상에 없다.

가정에서, 사무실에서, 가게에서, 공장에서 이만큼 공평한 것은 없다.

직장이라는 하나의 끈을 잡고 '이것이 아니면 어떻게 하나?' 하고 걱정하고 불안해하지 말자.

비록 불안하고 힘들더라도.

기업의 구조조정, 실업자에 대한 뉴스를 들을 때마다 당신은 한없이 작아진다.

9시에 출근하고 밤 7시가 되었지만, 퇴근하지 못한다. 오직 하나의 끈이므로.

세상에 홀로 내팽개쳐질지도 모른다는 두려움으로.

한 개의 동아줄을 붙잡고, 마음은 불안하고 일요일 밤엔 마음이
무거워진다.

세상의 빠른 변화가 두렵고 쫓아가기만 해도 숨이 벅차다.
직장인인 당신은 부자가 되기 어렵다는 것을 안다.

많은 기업의 비전과 추구하는 가치는 '인간 삶의 질의 향상'이라는
데, 나에게는 먼 얘기다.
생활비, 교육비, 의료비, 교통비 등. 아침에 돈 얘기를 하지 말자고
다짐해도 사람들이 나누는 대화의 80%는 돈 얘기다.

지친 하루하루를 살아간다.

그대에게 말씀드리고 싶다.

일어서라. 그리고 깨어나라.

인간의 존엄성이 중요하다는 말과 대한민국은 부존자원이 없다는 말은 학창시절에 교과서에서 10년 넘게 보아 왔지 않은가.

고요한 듯하지만 시대는 빠르게 변하고 있고, 싫든 좋든 당신은 그 자리에 서 있다.

일어나서 당신을 찾아라. 당신을 더 작게 하지 않는 또 하나의 동아줄을 찾아라.

직업은 인생을 사는 도구다.
이제 당신의 인생을 도구로 삼지 말기를.

산에도 가고 바다와 강에도 가자.
경복궁에도 가고 많은 사람이 바쁘게 호흡하는 명동에도, 그리고 남대문 시장에도 가자.
기차를 타고, 버스를 타고, 전철을 타고, 자기의 차를 사랑하자.
가족이나 좋아하는 사람과 함께라면 몇 배 더 행복하다.

차 안에서 방실이의 〈첫차〉를 들어도 되고 빅뱅의 슬픈 〈If You〉를 들어도 된다.

이제 당신이 선택한다.

도전하라. 모험하라. 즐겨라.

당신의 가치를 찾아라.

더 즐길 수 있고 몰입할 수 있는, 넓은 곳으로 함께할 수 있고 당신을 치유할 수 있는, 마음의 평화를 찾을 수 있는 곳.

누구에게나 24시간은 공평하게 주어진다.

이제 '당신', 치유의 빛으로 다시 일어나라.

두 번이 아닌 인생이므로.

9시에 출근하고 6시에 퇴근하라
하지 말자

나는 '예술가들은 얼마나 힘든 창조의 고통을 겪을까?'라는 생각을 자주 한다.

작곡가에서부터 사진작가 그리고 영화감독과 뮤지컬 배우까지, 나는 예술가들을 진정으로 존경한다.

내가 생각하는 예술의 범위는 점점 넓어져 기업의 제품 디자이너, 심지어는 기업의 경영도 때론 예술적이라고 본다.

이제 기존에 있던 것을 지키는 것보다 없는 것을 만들고 새로운 것을 창조하는 기업만이 생존할 수 있다.

시대의 급속한 변화에 때론 천천히 가고 싶어져 나는 걷는 것을
좋아한다.

평범한 삶에서 나는 창조적인 작품이 나온다고 생각하지 않는다.

프랑스의 대통령과 퍼스트레이디를 보며 이제 조금 더 관대함과
배려의 규칙이 필요할 수 있다고 생각한다.

이들에게 9시에 출근하고 6시에 퇴근하라고 하지 말았으면 좋겠다.

2017년도 다 가고 있다

이제 2017년도 지나가고 있다.

카카오톡(Kakao Talk), 위챗(We Chat), 왓츠앱(Whats app), 이메일로 크리스마스 카드와 신년 연하장이 도착했다.

독특한 연하장들이 나를 웃음 짓게 한다.

친구들에게 2018년에도 힘내자고 메시지를 보낸다.

받은 메시지 중에는 외국의 오랜 친구에게서 온 것이 있는데 20년 전 안국동에서 먹었던 삼계탕이 생각난다는 내용도 있었다.

'닭 튀기기' 하면 요즘 '코리아'다.

외국의 유명 잡지의 요리사도 닭 튀기는 것은 한국 사람이 최고라고 인정했다.

치킨 공화국이라는 별명이 맞는가 보다.

또한 떡볶이를 좋아하는 아시아 사람들이 많다.

1950년대 신당동 떡볶이의 원조인 마복림 할머니가 원조라는 설도 있고 의견이 분분한 것 같다.

1969년 4월 30일 자 동아일보에 의하면 보사부가 1969년 분식을 이용한 조리법 연구 발표회에 밀가루로 만든 떡볶이가 등장한다.

죠스 떡볶이, 신전 떡볶이, 엽기 떡볶이 등 이제 떡볶이도 체인화된 시대다. 순대와 어묵, 튀김을 한 패키지로 해서 한국의 길거리 음식(Street Food)을 대표한다.

부대찌개는 이름 그대로 부대(군대)에서 만든 찌개인데, 한국전쟁 직후 먹거리가 부족한 한국인들이 동두천, 의정부, 송탄 등 미군 부대 옆에서 미군의 보급품(핫도그나 햄)을 사용하여 만든 음식이다. 요즘은 라면을 첨가하여 즐겨 먹는다.

얼마 전 한 서양인이 자신의 SNS를 통하여 부대찌개 예찬론을 펴는 것을 본 적이 있다.

외국인에게 있어서 냉면(Cold Noodle)은 여전히 넘기 어려운 음식이다. 그래도 한여름에 먹는 한 그릇의 냉면은 사람들을 즐겁게 해준다.

우리의 전통 디저트 음식 중에는 팥빙수가 있다. 이것도 요즘은 메뉴가 다양해져서 많은 빙수 매장들이 있는데 외국인들이 좋아하는 음식이다.

크리스마스이브 아침인데 전화통화를 하다 상대방이 크리스마스인지 모르는 걸 보고 당황했다. 집에 있어서 그런 건 알지만, 무엇이 그렇게 바쁜 걸까? 아니면 무관심일까?

단것이 생각나서 동네 슈퍼를 갔다.

2개의 길쭉한 아이스크림 냉동고(Chest Freezer)에는 많은 아이스크림과 빙과와 아이스크림콘이 가득 담겨있다.

11년 연속 브랜드 파워 1위라는 브라보콘과 금색의 투게더를 집어든다.

늘 먹었던 걸 먹는 건 자연스러운 것 같다.

1900년대 초에 벨기에의 와플 장수와 이탈리아의 아이스크림 장수가 미국 전시회에서 만나 의기투합하여 아이스크림콘을 만들었다고 한다.
협업, 융합, 이런 것이 중요한 시대는 맞는 것 같다.

빙수(셔벗) 타입의 아이스크림이 아이스크림의 시초라고 하는데 요즘은 젤라또, 셔벗, 소프트 서브에서 나오는 아이스크림 등 종류도 많다.
오래전 유럽에서는 왕족과 귀족만 먹었다고 한다.

음식에 관해서 이야기하다 보니 한국의 K-FOOD가 글로벌화, 특히 아시아에서 날개를 펼칠 시점이 도래했다는 생각이 든다.

〈조선비즈〉의 2017년 11월 5일 자의 특집 기사 제목은 "K-FOOD, 올해 수출 10조 원 시대가 열린다"이다. 라면, 초코파이, 만두, 김 등이 국내에서 검증된 제품력을 기반으로 세계 곳곳을 누빈다는 기사다.

K-FOOD의 대표 선수는 라면을 위시한 가공식품이고 이는 K-FOOD 수출액의 63%를 차지하고 있다.
미국 시장 점유율이 27%를 넘어가고 있다.

CJ의 비비고 만두, 오리온 초코파이, 빙그레의 바나나 우유 등은 이미 한국에서 검증된 제품들이다.

농수산물 중 김의 경우 국내 생산량의 40%가 수출이다.
미국의 주요 유통업체인 코스트코(COSTCO)의 400개 매장에서 판매되는 양만 해도 컨테이너로 연간 약 1,000개 정도의 양이다.

현재의 K-FOOD 수출의 문제점은 시장 집중 현상이다. 미국, 일본, 중국 3개국의 수출 비중이 50%가 넘는다.

이제 인도를 포함한 아시아 및 중남미, 중동, 유럽 등으로 시장을 다변화해야 하고 이슬람 국가로도 수출 지역을 넓혀야 한다. 이슬람

인들은 약 18억 명이다.

 이슬람 국가에 식품을 수출하기 위해서는 할랄(HALAL) 인증이
필요하다.
 할랄 식품 시장은 2012년을 기준으로 1조 880억 달러 규모이고
2018년도에는 1조 6,000억 달러까지 성장을 예상하고 있다.
 세계 최대의 식품회사인 네슬레가 세계 150개 공장에서 300개 할
랄 인증 제품을 생산 및 판매하고 있는 이유이다.

 국내에도 120여 개 업체에서 430여 개의 품목에 대해 할랄 인증
을 이미 획득했지만, 지속적인 정부의 관심과 지원이 필요하다. 국
내 식품 시장은 이미 포화 상태이다.

K-FOOD! 무슬림 국가와 아시아, 중동, 아프리카와 유럽으로 진
군해야 한다.

'나쁘지 않은'의 미학

직업 특성상 엔지니어 사장을 자주 만나는 나는 가끔 좋은 기술이란 무엇인가를 생각해 본다.

최고 품질? 최첨단? 최고급?

그런가?

내가 생각하는 좋은 기술의 조건 중 하나는 100원짜리를 50원에 만드는 것이다.

최첨단의 디지털 시스템도 좋지만, 때로는 기계식 시스템이 편할 수도 있고, 최고 품질의 제품도 중요하지만 '나쁘지 않은 쓸 만한 제품'의 등장도 반갑다.

외국에서 손님이 오면 가끔 나는 백화점이나 면세점이 아니라 동대문이나 남대문 시장에 데리고 간다.

동대문의 가방들은 최고의 품질은 아니지만 쓸 만한 제품들이 많다.

나쁘지 않은….

고급 주얼리 매장도 있지만, 남대문 액세서리 시장에서 제품을 골라보라고 추천한다.

남대문 시장은 세계 최대의 액세서리 시장이다.

지금 유통 시장은 H&B(Health and Beauty) 시장과 다이소 같은 저가 양판점이 주도하고 있다.

2017년 11월 23일 신한카드 트렌드 연구소에 의하면 H&B 스토어 이용 고객의 숫자는 매년 24%씩 성장한다고 한다.

H&B, 즉 '건강과 미'에 대한 시장은 갈수록 커질 수밖에 없다.

또한, 저가 양판점인 다이소도 매년 25%씩 성장 중이다.
이용 고객이 약 400만 명을 넘어섰다. 5년 전과 비교하면 약

360%가 늘어난 것이다.

    최근에는 20대를 중심으로 '탕진 잼'이라는 새로운 소비 현상이 일
어나고 있다고 한다.

    이 신조어는 '가지고 있는 돈을 탕진하는(다 쓰는) 것에 잼(재미)을
느낀다'는 신조어라고 한다.
    '나쁘지 않은' 가성비 제품이 필요한 시대다.

네트워커(Networker),
꿈은 이루어진다

세계 최대 마케팅 커뮤니케이션 그룹인 옴니컴(Omnicom) 소속의 글로벌 브랜드 컨설팅 회사인 인터브랜드는 뉴욕에 본사를 두고, 마이크로소프트와 P&G, BMW 등 브랜드의 가치 창조와 이미지 관리를 하는 회사다.

한국에서는 삼성전자, 현대·기아차, LG, 포스코 등의 기업 브랜드 전략을 수행하고 있다.

이 회사는 『당신의 시대가 온다』라는 책에서 모두를 위한 비즈니스는 없다고 단언했다.

시사 주간지인 〈타임(TIME)〉지는 2016년 올해의 인물로 당신(You)을 선정했다.

새로운 시대의 중심은 바로 '당신'이다.

20세기 초에 자동차가 말과 마차가 잠시 공존하며 세상을 바꾸었 듯이, 디지털과 모바일이 우리의 생활을 바꾸어 놓았듯이, 이제 당 신은 바로 '당신'이라는 브랜드(Brand)다.

결국 기업과 개인이 비즈니스를 키우기 위해서, 또는 생존하기 위 해서 중요한 것은 바로 '개인'이다.

인터브랜드는 미래의 비즈니스가 개인적이라고 정의했다.
이런 당신의 시대는 네트워크 마케터(Network Marketer)의 시대를 의미한다.

미국 다트머스 대학의 케빈 레인 캘러 교수는 착한 마케팅이 기업과 소비자에게 명분을 준다고 했다.

자기의 제품에 대한 신뢰를 가지고 명확히 제품을 숙지하고 제품에 대한 신념을 가지는 동시에 고객을 보호하고 진정성을 가지며, 이 제품을 권해도 되는지에 관한 적절성을 생각하고 타 브랜드와 차별화를 가지고 일관성 있는 존재감으로 판매 제품을 고객들이 이해하는가를 착한 마케팅으로 지켜보라.

네트워크 마케터들의 시대가 도래했다.

네트워커(Networker)여. 부디 큰 꿈을 꾸라. 꿈은 이루어진다.

네트워크 마케팅(Network marketing), 미래 최고의 사업이다

1990년도만 해도 미국에서 언론인들은 네트워크 마케팅에 관해 일확천금을 따라가는 사람들, 절박한 사람들, 순진한 사람들을 노리는 한탕 주위 사기 기법, 피라미드 상법 등으로 그렸다고 칼럼니스트이자 『제3의 물결』의 저자 리처드 포(Richard Poe)는 얘기하고 있다.

그는 또 『네트워크 마케팅의 미래』라는 책에서 이제 〈월스트리트 저널(Wall Street Journal)〉, 〈뉴욕 타임스(The New York Times)〉에 이르기까지 권위 있는 매체들이 네트워크 마케팅 업계를 새롭게 조명하고 있으며 IBM이나 MCI 같은 〈포춘(Fortune)〉지 선정 500대 기업들은 네트워크 회사를 통해 자사 제품의 판매를 늘리고 있다고 했다.

이제 미국의 네트워크 판매 마케팅은 『성공하는 사람들의 7가지

습관(The 7 habits of highly Effective people)』의 저자인 스티븐 코비 같은 리더를 옹호자로 두고 있다.

리처드 포는 기술의 발전은 기업의 환경을 바꾸어 놓았고 자동화로 일자리는 사라지고 있으며, 수백만 명의 네트워크 마케팅 사업 기회가 그 자리를 대신하기 시작했고 뉴미디어의 확산으로 광고의 힘이 희석되면서 소비자에게 직접 다가서기 위해 네트워크 마케팅에 눈을 돌리는 기업이 점점 늘고 있다고 분석했다. 그리고 대기업 중에서도 새로운 유통 채널로 네트워크 마케팅을 선택하는 경우가 계속 증가하고 있다고 적고 있다.

미래학자 배리 카터는 '대중 민영화(Mass Privatization)'는 사업 주체가 기업 소유 형태에서 수백만 명의 개인 자영업자의 손으로 완전히 이전되는 현상을 의미한다고 했다.

카터는 네트워크 마케팅이 개인의 자유에 기초를 둔 최적의 시스템이라고 하며 이런 관계에서 경영자, 상사, 종업원, 계급 등의 중앙통제 같은 것이 사라지는 미래의 시스템이라고 했다.

나는 네트워크 마케팅이 카터가 말한 대중 민영화에 기여할 뿐 아니라 지금까지 고안해낸 어떤 사업 비즈니스 모델보다 가장 성공적이라고 생각하며 대한민국에 긍정적인 영향을 줄 수 있는 사업이라고 생각한다.

카터가 말한 것처럼 이것은 많은 사람에게 틀에 박힌 직장 생활을 탈피할 기회와 시간의 자유를 주면서 새로운 인생에 도전할 기회, 즉 자신의 삶에 만족할 기회를 줄 수 있다고 생각한다.

Medwest Lab의 네트워크 마케팅 권위자인 일본의 요시무라 유타카는 "네트워크 마케팅은 남녀노소, 학력, 직업, 경력, 국적 등 그 사람의 배경만으로 절대 좌우되지 않는, 누구에게나 평등하게 성공할 수 있는 기회를 부여하는 깨끗한 사업이다."라고 그의 저서 『이렇게 하면 성공할 수 있다』에서 적고 있다.

하지만 한국의 네트워크 마케팅은 좀 더 나은 방향으로의 변화가 필요하다. 즉, 현재의 사업자 개념에서 소비자 개념으로의 변화가 필

요하다. 소비자가 만족하여 다른 소비자를 소개하는 방식이 바람직
하며 강매 방식의 현실에서 벗어나야 한다.

또한, 사업자의 이익이 35%로 한정되어 미국이나 일본보다 현저히
낮은 수익률 때문에 법제 개편이 필요하다.

직급별 분배가 한쪽으로 쏠린 보상 플랜의 변화도 필요하다고 생
각된다.

대한민국에서는 실업 문제, 일자리 창출이 새로운 정권의 가장 큰
숙제다.

나는 이 네트워크 사업의 활성화가 이러한 대한민국의 사회문제에

대한 하나의 큰 대안이 될 수 있다고 생각하며 정부의 적극적인 지원 및 활성화 대책이 필요하다고 본다.

　현재 네트워크 마케팅의 문제점을 보완하면 21세기의 새로운 유통 형태인 네트워크 마케팅이 일부 부정적인 선입견을 불식시키고 새로운 기회를 주는 미래의 사업으로서의 역할을 해 줄 것이라고 기대해 본다.

네트워크 마케팅,
이제 날개를 펴라

7월에 한국 네트워크 마케팅의 대표 격인 애터미(Atomy)의 박한길 회장이 〈포춘(Fortune)〉지의 표지를 장식한다고 한다. 〈포춘〉은 미국의 경제 전문지로, 매년 매출액을 기준으로 500대 기업을 발표하는 권위 있는 잡지이다.

〈조선일보〉에는 박한길 회장과의 인터뷰가 게재되었고 애터미에 관한 기획 특집 기사가 실렸다.

나도 얼마 전 '네트워크 마케팅, 미래의 최고의 사업이다'라는 칼럼으로 많은 관심을 받았고 적지 않은 사람들이 내게 의문을 제기했다. 나는 그들에게 과거에만 매여 있지 말고 내일과 미래를 보라고 당당하게 말한다. 내가 칼럼니스트로 있는 〈코리아 아이티 타임스

⟨Korea IT Times)⟩에서도 네트워크 마케팅의 긍정적인 효과와 비즈니스 발전 가능성에 관한 특집 칼럼을 게재할 예정이다.

왜 네트워크 마케팅 업체가 언론의 관심을 받는 것이 이슈가 되는 것일까?

나는 네트워크 마케팅이 뛰어나고 잠재력이 있는 비즈니스 모델임에도 불구하고 여전히 사회 일부에는 부정적인 인식이 있음을 시인하지 않을 수 없다.

이런 점을 인식한 듯 박한길 회장은 ⟨조선일보⟩와의 인터뷰에서 애터미의 기업 문화를 세 가지로 나눠볼 수 있다고 했다.

첫째는 원칙 중심 문화이다. 품질 대비 착한 가격을 고수하겠다고 한다. 그동안 다단계 업체들이 소비자에게 품질 대비 폭리를 취한 나쁜 관행을 없애겠다는 의미다.

둘째는 동반 성장 문화이다. 협력사와 회원, 소비자와 같이 성장하겠다는 의미이다. 이러한 문화는 정말 중요하다.

셋째는 나눔이다.

애터미는 전 세계에 380만 명의 회원을 보유하고 있다고 한다. 이러한 인프라의 기반 위에 GSGS(Global Sourcing Global sales) 전략으로 세계 시장을 판매와 구매의 동시 거점으로 활용하겠다는 전략을 가지고 있다. 나는 앞으로 이러한 경영 가치와 글로벌 전략이 전문가들에 의한 적극적인 액션 플랜 위에 전개된다면 애터미가 암웨이, 뉴스킨, 허벌라이프, 에이본, 네리움, ACN을 압도하는 세계적인 기업으로 성장할 것이라는 기대가 있다.

이미 애터미는 여러 면에서 주목을 받고 있다고 〈조선일보〉는 2017년 6월 26일 자 기사에서 보도하고 있다.

창립 7년째인 지난해 매출 9,100억 원을 기록했고 국내 다단계 업체 중 가장 많은 회원 수를 보유했다. 판매 관리비가 업계 최저 수준인 8.9%에 불과한 점도 슬림한 조직 구조에 관한 노하우가 있음을 알려준다. 이러한 경쟁력 있는 판매 관리비 유지는 고객의 부담을 줄일 수 있는 경쟁력이다.

'무조건 환불' 제도는 매우 놀라운 제도이고 더 놀라운 건 연간 반품률이 0.14%에 그친다는 점이다. 이것은 제품에 대한 고객 만족도가 높다는 것을 의미한다.

애터미는 현재 미국과 일본, 캐나다 대만, 싱가포르, 캄보디아, 필리핀, 말레이시아, 멕시코 등 9개 국외 법인에서 건강기능식품 및 화장품 100종을 판매하고 있다.

향후 중국과 남미 등 세계 시장으로 판매 시장을 확대할 것이라고 한다.

나는 그동안 높은 가격과 부당한 보상 배분과 불공정한 네트워크 회사들의 부정적 이미지를 애터미와 같은 기업들이 불식시켜줄 것을 기대한다.

네트워크 마케팅은 기존의 온라인 및 오프라인과 차별화되는 잠재력으로 무궁무진한 네트워크라는 유통 채널을 가지고 있다.

네트워크 마케팅에 의해 제품을 소비하고 자연스럽게 홍보하여 고객의 만족에 의한 재구매가 자연스럽게 이어지는 선순환이 이루어진다면 미래에는 네트워크 마케팅의 폭발적인 시장 규모 확대가 이루어질 것이라고 나는 자신 있게 이야기한다.

이제 다양하게 준비된 상품으로 한류를 업고 아시아를 중심으로 진군하라!

　자신 있게 앞으로 나아가라. 네트워크 마케터들은 내일을 향해 이
제 날개를 펴라.

날씨가 추워졌다

새벽 6시인데 동네에서 붕어빵 장사를 하는 젊은 부부가 벌써 장사를 준비하고 있다.

털 모자와 목도리로 온몸을 감싸고 있다.

붕어빵 가게는 주인이 계속 바뀐다.

아침 6시 30분이면 단골 커피숍이 어김없이 문을 연다.

올해 결혼한 신혼부부가 운영하는 커피숍인데, 커피가 맛있고 싱싱한 과일을 직접 가락시장에서 사 와서 만드는 과일주스가 인기가 많은 집이다.

그런데, 그 부부는 언제부터인가 얼굴이 어두워졌다.

바로 옆에 다른 커피숍이 생겼고 다른 가게에서는 900원짜리 커피를 팔고 있다.

하긴 이탈리아에선 에스프레소가 거의 1유로이긴 하지만.

가끔 이야기를 주고받는데 인건비 상승으로 남는 게 없다고 한다.
손님들이 적지 않은데도 말이다.

내년 1월에 인건비가 또 오르면 방법이 없다고 한다.

아르바이트생을 2명으로 줄였다고 한다.

요즘에는 생각이 많다고 한다.

동네 편의점은 언제부터인가 24시간 영업을 하지 않는다.

주인아주머니 말씀이, 하고 싶어도 못한다고 한다. 인건비 전기세 등. 화가 나 있다.

국민연금 개편안이 나왔다. 적게 내고 많이 받는 방법은 없는데.
다음 세대로 몽땅 세금을 넘겨줄 모양이다. 나쁘다.

요사이 극장가에서는 〈보헤미안 랩소디〉라는 영화의 순위가
1위이고 IMF 시절을 그린 영화가 2위라고 한다.

요즘 나라의 사정을 살펴보고 이를 영화 제목으로 짓는다면
〈5년, 10년 후는 없다〉가 맞는 것 같다.

좋은 단어, 아름다운 말은 이미 이 정부가 다 점령하였다.

듣기 좋은 말은 풍년인데, 나라 경제는 흉년이다.

먼저 다가가세요

누군가 만날 때는 먼저 다가가세요.

식사하게 될 때는 먼저 수저를 놓아 주세요.

고기가 구워지면 먼저 잘라 주세요.

물 잔에 물도 먼저 채워 주세요.

커피를 타야 할 땐 먼저 타서 건네주세요.

나이가 많고, 적고,
직위가 높고, 그런 거 아니에요.

사람을 만날 때는 오늘 만남이 내 인생에서 그 사람과의 마지막 만남이라고 생각해 보세요.

만남의 시간이 소중해질 거예요.

발걸음을 맞추자

6년 전, 대부분의 사람은 넷플릭스(Netflix) 같은 신생 업체가 오랜 역사를 가진 미국의 미디어 산업을 바꾸는 것은 불가능하다고 말했다. 그러나 몇 년 사이에 시대는 돌변했고 2015년 타임워너의 자회사인 HBO는 넷플릭스와 유사한 스트리밍(streaming) 서비스를 출시함으로써 넷플릭스의 방향이 옳았음을 사실상 시인했다.

이제 제4차 산업혁명의 시대에서는 과거의 성공이 미래의 성공을 보장하지 않는다.
새로운 것과 없는 것을 만드는 능력이 기존의 자산을 지키는 것보다 중요한 시대가 오고 있다.

경제의 생존 전략도 달라진다. 지금 잘 나가는 대기업이라 할지라도, 새로운 제4차 산업 시대에서도 계속해서 성장하리라는 보장은 더 이상 없다.

예를 들어, 자동차는 앞으로 모바일 컴퓨터로서의 부가가치가 소프트웨어와 전자 부문에서 나올 수 있다. 모든 업체가 IT 업체가 된다. 제약은 물론이고 건설과 은행을 포함한 금융업도 마찬가지다.

이제 금고 앞에서 돈을 세고 주식 숫자를 계산하는 오너를 가진 기업은 생존할 수 없는 시대가 왔다.

한국 경제는 휴대폰 반도체 및 몇몇 산업에서 국제적인 경쟁력을 가지고 있지만, 이미 중국과 대만의 거대한 도전에 직면해 있다.

한국 기업이 생존하려면 새로운 시대에 걸맞은 창조적인 비즈니스에 과감히 도전해야 한다.

대한민국은 강한 엔지니어링 시스템을 가지고 있다. 하지만 세계에서 가장 강력한 엔지니어링 시스템을 가지고 있는 독일조차도 새로운 사업 영역의 개척에는 늘 어려움을 겪는다.

급격한 변화의 시대에서 모두에게 요구되는 것은, 하던 일에 배려라는 이름을 더하고 하는 일에 사랑이라는 이름을 더하는 것이다. 대한민국은 자원이 없고 자급자족할 수 없는 나라다.

세계를 바라보아야 하는 것은 대한민국의 운명이다. 현재 정보통신(IT) 분야의 진정한 글로벌 리더는 미국이다. 이제 대한민국도 배려와 사랑의 경제 무대에서 미국과 발걸음을 맞출 때가 왔다.

보이지 않을 때 길을 걸어 보는 것은
나쁘지 않다

보이지 않을 때 길을 걸어 보는 것은 나쁘지 않다.
둘이라면 더 좋겠지만, 혼자라도 나쁘지 않다.

비가 올 것이라는 걱정에 큰 우산을 준비할 필요는 없다.

꼭 한적한 산과 바다, 강과 공원을 걸을 필요는 없다.

가까운 큰 서점에 있는 시와 글과 그림이 나를 반긴다.
좋아하는 글이 있다면 읽어도 되고, 사진이나 책을 보아도 상관
없다.
이곳에는 많은 나라가 있다.

두꺼운 미국이나 유럽에 가도 되고 얇은 대만이나 싱가포르에 가
도 된다.

가져온 사과, 귤, 자두를 먹어도 된다.
편의점에서 1+1 상품으로 사 온 탄산수가 있다면 갈증을 풀 수도
있겠지.

뚜레쥬르나 파리바게뜨에서 산 샌드위치나 샐러드가 있다면 좋겠
지만, 동네 슈퍼에서 산 초코파이도 나쁘지 않다.

만약 친한 친구가 있다면 이런저런 얘기를 톡이나 문자로 할 수
있겠지.

근처 대형마트가 있다면 몇만 가지 상품을 볼 수도 있다.

여유가 된다면 따뜻한 커피 한 잔과 함께 토스트에 버터를 많이 발라 한 입 먹는 것도 괜찮겠지.

오늘은 평범한 임금이 될 수 있어서 좋다.

삼고초려(三顧草廬)하고
인재를 모셔오십시오

나는 중소기업과 외부에서 일을 많이 했다.

내 이름이 새겨진 기업의 명함은 60개 정도 되는 것 같다.

어제는 예전에 내가 자문을 해 주던 한 회사의 사장님이 해외 합작 건으로 미팅에 참여를 부탁해서 기꺼이 참석했다.

평소 겸손하고 근면한 사장님이라 '하시려는 일이 잘됐으면' 하는 개인적인 마음도 있었다.

대기업과 비교하면 유능한 인력을 확보하기 어려운 중소기업들은 해외시장의 판로 개척이나 판매에 어려움이 많다. 한국무역협회 (KITA)와 코트라(KOTRA), 그리고 중소기업 관련 유관기관에서 지원하고 있지만, 사내에서의 업무 추진에는 실무적으로 애로점들이 있다.

나는 중소기업의 사장들을 옆에서 지켜보며 많은 생각을 한다.

특히 엔지니어 출신의 사장들은 제품 개발에서부터 생산, 인사, 구매, 자금, 영업까지 그야말로 슈퍼맨이다.

심지어는 제품의 디자인과 색상(Color)까지 전문 디자이너의 의견을 묻지 않고 결정하는 경우도 보았다. 정말 대단하다.

내가 만난 대부분의 엔지니어 사장들은 상당수가 세계 최고(?)의 제품을 만든다. 아마 경쟁업체라 하면 미국의 나사(NASA) 정도가 아닐까 싶다.

나는 이런 허풍이 있는 사장들과의 대화를 기꺼이 즐긴다. 이런 허풍에 익숙해져 있고 그 자신감이 싫지 않다.

하지만 문제는 중소기업 사장들 대부분이 모든 것을 혼자서 다하려고 한다는 것이다.

자기가 모자라는 부분을 채우려 하지 않는다는 것이다.

물론 다 완벽히 잘한다면 문제가 없겠지만, 엔지니어 사장의 경우에는 어느 적정규모가 되면 자금과 영업 부문에 있어서 능력 있는 전문 인력이 필요하다.

나는 한국의 중견기업 및 대기업 출신의 경험 있는 인재들이 이러한 전망 있는 중소기업이 성장하는 데 일조를 했으면 하는 바람이 있다.

하지만 아직도 많은 중소기업 사장들이 이러한 유능한 인재를 채용한다는 착각을 한다.

좋은 환경과 더 나은 임금을 제시할 수 없는 중소기업 사장이 어떻게 해야 회사를 키울 수 있는 능력 있는 인재를 확보할 수 있을까?

『삼국지』를 보면 유비는 제갈량을 얻기 위해 그의 초가집을 세 번 찾아간다.

기업은 인재다. 뛰어난 한 명의 인재는 회사를 먹여 살리고 성장시킨다.

고생하는 중소기업 사장들에게 말하고 싶다.

삼고초려(三顧草廬)하고 인재를 모셔 오십시오. 휴짓조각이 될지도
모르는 주식을 가지고.

신소재,
미래의 먹거리다

앞으로 반도체와 같은 한국의 효자상품, 일명 '먹거리'를 찾는 것은 매우 중요하다.

대선 때 한 후보가 20년간 먹고 살 수 있는 먹거리를 찾을 수 있다는 말에 관심을 가졌던 생각이 난다.

이건희 회장의 1974년의 반도체 사업에 대한 투자 결정은 미국과 일본에 비교해 봤을 때는 약 27년 늦은 결정이었지만, 현재 삼성의 분기별 영업이익은 10조 원에 달한다.

투자에 있어서 바른 의사 결정은 회사는 물론 나라를 이롭게 한다.

나는 대한민국의 먹거리로 '그린 산업의 투자'를 계속 주장해 왔다.

앞으로 태양광을 비롯한 신재생 에너지 산업은 대한민국의 좋은 먹거리다.

연간 시장규모가 1,200조 원에 달한다. 지금이 투자 적기이며 아직도 늦지 않았다고 생각한다.

눈을 돌려 일본을 살펴보자. 일본이 주목하는 미래의 먹거리는 신소재 산업이다.

코트라(KOTRA) 도쿄 무역관의 자료를 보면, 생활용품에서 항공기에 이르기까지 다양한 분야에 응용이 가능한 신소재와 철강을 대체할 섬유 계통 신소재의 연구 개발과 설비 투자에 일본 기업들이 적극적으로 나서고 있다.

일본 기업들은 1970년대부터 섬유 계통의 신소재 개발 및 생산에

본격적으로 착수해 왔다. 그 결과, 1980년대 이후의 품질과 생산량이 세계 최고 수준에 올라있다.

　일본 기업이 집중하는 신소재는 'CNF'라고 불리는 셀룰로스 나노섬유와 'CNT'로 불리는 탄소나노튜브다.

　〈이코노미스트(The Economist)〉에 따르면 일본 제지 및 다이오 제지, 아사히 카세이 등의 기업이 CNF에 투자를 하고 있고, 특히 일본 제지는 연간 생산 능력이 500t에 이르는 대량 생산 설비에 투자했다.
　일본 산업 기술 종합연구소 자료에 따르면 일본 제온과 세키스이 전공, 토다 공업 등이 투자 및 개발에 뛰어든 상태다.

또한, CFRP 탄소섬유 강과 수지의 경우 도레이, 테이진 등이 기술 개발과 설비 투자를 활발하게 진행하고 있다. SIC 탄화규소의 경우 우베흥산이 티라노 섬유를 개발 및 판매를 하고 있으며 SIC를 항공기 엔진에 활용하는 방향으로 사업을 전개 중이다.

일본은 앞으로 철까지 대체할 것으로 기대되는 신소재를 주력 산업으로 선정하여 기업들이 앞장서서 투자하고 있고 시장은 매년 12% 이상 성장하고 있다.

한국도 2008년 태광산업이 프로젝트에 뛰어들어 2012년 탄소섬유 생산을 시작했고 효성그룹은 탄소섬유 브랜드인 '탄섬'을 만들어 2020년까지 연간 생산량을 1만 7천 톤까지 확대할 예정이다.

LG화학은 400t 규모의 세계 4번째 CNT 생산 설비를 가동할 계획이며 GS칼텍스를 통해 복합소재의 개발 및 양산에 성공했다.

한국은 일본과 비교하면 신소재 산업이 늦은 상태이므로, 먼저 일본 기업의 투자 유치를 통한 합작 형태의 사업 전개를 통해 일본의 노하우를 흡수할 필요가 있다.

신소재, 미래의 먹거리다.

오늘은 당신 인생에서
가장 젊은 날이에요

오늘, 달려가고 싶은가요.

세상의 변화보다 더 빨리 노를 저어야 챔피언이 될 수 있다고 하니까.

솔직히 말할게요.

사람의 운명은 정해졌다고 하던가요?

운명을 이겨보고 싶은가요? 가끔은.

돌아갈 수 없는 시간이 흘러가고 있어요.

오늘은 당신 인생에서 가장 젊은 날이에요.

우울한 크리스마스

크리스마스이브다.

화이트 크리스마스를 기대했던 나는 내리는 비를 바라보며 줄무늬 우산을 집어 들었다.

예전엔 크리스마스 한 달 전부터 거리마다 캐럴이 나오며 들썩들썩했었는데 경기 침체의 원인도 있지만, 캐럴에 음원 사용료에 관한 부담이 생긴 이후로 거리는 차분하다.

크리스마스, 어린이날, 부처님 오신 날, 설날, 추석 등 이런 날들은 좀 나라가 축제 분위기에 들떠도 되지 않을까?

국민들을 즐겁고 때론 신나게 해 주는 것도 나라님의 의무(?)다.

얼마 전에는 한국 축구가 일본에게 4:1로 이겼다.
온종일 신나고 즐거웠다.

크리스마스 아침, 카페에 가서 얼 그레이 티(Earl Grey tea)를 한 잔
사고 녹색과 브라운의 크리스마스 스콘(Scone)을 주문했다. 내 목표
가 '작은 부자'이므로.
스콘을 먹으면 부자가 된다는 말이 얼핏 생각난다.

후배에게 어제 전화가 왔다.

크리스마스 계획을 물었는데 크리스마스, 즉 25일이 월급날인데
아직 월급을 못 받았다고 한다.

어려운가 보다.

제조업체들은 특히 어려울 것 같다.

인건비가 내년부터는 기업을 압박할 것이고 아마 내년 2월 혹은 3월 정도 되면 못 버티는 중소 제조업체들이 꽤 많이 나올 것 같다.

요즘 제조업체 사장들은 부쩍 동남아로 출장을 많이 간다.

베트남과 동남아를 주로 간다.

생산기지 이전을 타진하기 위해서다.

그나마 자금이 있는 회사는 해외로 공장 이전을 생각하지만, 자금이 없는 중소 제조기업은 시한부 인생이다.

제조업체 사장들을 많이 만나는 나는 계획도 세우지 못하고 걱정만 하는 이들이 안타깝다.

나에게 어떻게 해야 하느냐고 의견을 물어보면 많이 난감하다.

대답은 "부디 잘 견디시길 바랍니다." 정도다.

누군가는 중소 제조업체가 생존할 수 있는 해법을 찾아주어야 하는데 올해 크리스마스이브는 내리는 비처럼 우울하다.

이 시간이 좋다

비가 오는 창가에서 향기 나는 차를 마실 때,
이 시간이 좋다.
시간이 멈췄으면….

이웃들과 같이 물들어가고,
동료에게 채워져 가고,
작은 행복과 고마움이 이어질 때,

친구의 귀에 익은 목소리가 휴대폰으로 들려올 때,

이 시간이 많이 좋다.

조금 모자람에
만족한다는 것

무어의 법칙에 따른 세계화의 가속화와 슈퍼노바의 세상에서 산
업의 틀은 변하고 있다.

제4차 산업혁명 시대에서는 인간보다 뛰어난 기계도 출현할 수 있
다는 전제가 필요하다.

이렇게 발전하고 네트워크화된 사회에서 인간의 고립화가 심화된
다면…. 그리고 물질의 풍요 속에서 불행하다고 생각하는 것도 하나
의 현상이다.

행복을 이야기할 때 부탄(Bhutan)이라는 나라가 자주 회자된다.
부탄은 GDP가 한국의 10%도 되지 않는다.

고지대의 산악 국가로서 환경도 그렇게 좋은 나라는 아니다.

그러나 그곳은 작은 것에 감사하는 곳이다.
조금 모자람에 만족할 수 있다는 것.

행복은 외부에서 주어지는 것이 아니라 내 안에서 온다는 말에
공감이 간다.

창업과 투잡(Two Job),
지금이 기회다

미국 전자 상거래 기업인 아마존닷컴이 전 세계 유통업계에 미치는 영향력이 점점 더 커지고 있다고 7월 24일 자 〈한국경제신문〉은 보도했다.

미국, 일본, 영국에서는 이미 90% 넘는 소비자가 아마존에서 쇼핑하는 것으로 나타났다.

유통업체들이 온라인과 모바일 쇼핑몰, 빅데이터 등의 미래 경쟁력을 가지지 않으면 살아남기 어렵다는 결론이다.

한 글로벌 컨설팅 업체의 2017년 종합 소매업 보고서에서는 아마존 때문에 오프라인 매장에서 쇼핑하는 사람이 줄어들고 있는 것으로 나타났다.

미국, 일본, 영국, 이탈리아, 독일의 5개국에서는 아마존의 이용률이 90%를 넘었다.

한국은 아마존이 진출하지 않은 나라다.

〈포브스(Forbes)〉는 아마존이 한국의 진출을 꺼리는 이유가 쿠팡 때문이라고 전했다.

쿠팡은 2년 연속 5,000억 원 이상의 영업 손실을 내고 있지만, 혁신을 거듭하고 있고 쿠팡과 티몬 등의 한국의 온라인 전자상거래 업체의 영향 때문에 아마존의 진출이 어려우리라고 생각한다.

지금은 우리가 상상하던 기술과 현존하는 기술의 차이가 점점 좁아지고 있다.

우리는 세계 최대의 택시회사이면서 한 대의 택시도 가지고 있지 않은 우버(Uber)와 부동산을 가지고 있지 않은 에어비앤비(Airbnb)의 진정한 혁신을 생각해 볼 수 있다.

세계는 갈수록 상호의존적으로 변하고 있으며 스마트폰이 출시된 2007년을 기점으로 세상은 변화와 새로운 기회를 우리 모두에게 가져다주고 있다.

에어비앤비 같은 사업 모델의 성공을 위해서는 다수가 전자상거래 경험이 있어야 하고 페이팔과 같은 결제 시스템과 신뢰를 쌓은 링크드인, 페이스북 같은 기업이 필요하다.

또한, 개개인이 사진을 올릴 수 있는 별도 사진사에 관한 문제는 2007년에 스티브 잡스가 해결해 주었다.
왓츠앱과 같은 메시지 교환 시스템도 충족되었다.

지금은 스타트업(신생 벤처기업)의 기회의 시대다.

어떤 것을 상상하고, 디자인하고, 제조하고, 판매하는 일이 지금처럼 빠르고, 싸고, 쉽게 이루어진 적은 없었다. 만약 20년 전이였다면 우버와 에어비앤비는 성공하지 못하였을 것이다.

세계 시장의 진입 비용은 이미 충분히 낮아져 있다.
단순한 아이디어일지라도 그 파급효과는 크다. 우버와 에어비앤비처럼.

이미 스마트폰의 카메라는 제품의 재고와 쇼룸의 필요성을 없애주었고 손쉬운 대금 결제는 신용카드보다 간편하다.

판매자와 구매자들은 세계 반대편에서도 페이스북과 링크드인으로 서로의 프로필을 확인함으로써 신뢰의 플랫폼을 구축하고 왓츠앱, 위챗, 카카오톡, 라인 등을 통해 실시간으로 상호 간에 메시지를 전달하고 있다.

스마트폰의 사진과 동영상들은 제품의 사용 방법을 설명할 수 있고, 소유하고 있는 상품과 서비스의 공유 사업(Sharing Business)의 시장 규모는 팽창하고 있다.

이 시대는 이제까지의 어떤 시대보다도 더 좋은 창업 환경을 제공하고 있다.

창업, 투잡, 프리랜서, 네트워크의 시대인 지금이 새로운 기회일 수 있다.

초원을 호령하는
한국의 기업을 지원하라

경제 이분법이 한창이다.

대기업과 재계는 적폐 대상과 악이고, 노동자는 주인이다.

나는 한국의 기업들이 힘차고 신나게 활동할 수 있는 환경을 만들고 불필요한 규제를 간소화해야 한다고 생각하며 기업의 수를 늘려야 한다고 생각한다. 그리고 이런 생각은 더욱 확고해지고 있다.

'선수의 수가 많으면 많을수록 세계적 선수가 나올 확률이 높다'는 상식적인 생각을 한다.

스타트업의 지원과 성장은 한국 경제의 미래 성공의 핵심이다.

그러기 위해서 사회의 반기업적 정서의 대전환이 필요하다.

모험심이 있고 진취적인 엘리트들이 의사 및 법조인이 아닌 미국의 카네기나 록펠러 같은, 페이스북의 오너인 마크 저커버그 같은 세계적인 기업가를 꿈꾸게 하여야 한다.

나는 문재인 정부의 적폐 대상이고 개혁의 대상인 대기업의 수를 지금보다 더 늘려야 한다고 생각한다.

이들이 서로 규모의 경쟁을 하고 치열한 경쟁력을 통해서 초원에서 호령하는 사자처럼 경쟁하여 세계를 지배하는 강한 1위 기업이 나오기를 갈망한다.

현재 세계 무대에서 경쟁하려면 정보가 기업의 성패를 좌우한다.

기업 집단에 소속된 기업이 많고 네트워크가 많을수록 경영 정보의 수집이 용이하다. 대기업의 글로벌 지사들은 이런 경영 정보의 첨병들이다.

　또 대기업은 미래의 유능한 창업자들을 교육하고 양성하는 기업인의 사관학교 역할을 하며, 기업 집단이 크면 해외 자금 조달이 용이하다. 이러한 대기업의 글로벌 네트워크는 유대인 자금, 화교 자금 및 세계의 여러 주요한 자금의 유치에도 유리하다.

　세계에서 한국 기업의 대부분의 경쟁 상대는 일본, 미국, 중국, 유럽 등의 대기업이다.

　자동차의 경쟁자는 누구인가?

　TV, 냉장고, 세탁기의 경쟁자는 누구인가?

　반도체의 경쟁자는 누구인가?

　우리가 쓰는 휴대폰과 노트북의 경쟁자는 누구인가?

그린 산업, 신재생 에너지의 경쟁자는 누구인가?

산업 전기, 전자의 경쟁자는 누구인가?

대기업 없는 대한민국을 생각할 수 있는가?

대기업 집단은 해외 진출 시에도 한국의 기술과 자금 등의 특권적 자산을 지킬 수 있다.

중소기업 위주인 대만은 중국에게 기술의 대부분을 잃었다. 아니, 빼앗겼다. 중국 사업에서 한국의 대기업을 제외한 한국의 대부분의 중소기업도 마찬가지 형편이다.

대한민국의 최고의 지성인들에게 말한다.

이들에게 전화해 보라. 확인해 보라.

중국 사업에서 기술을 보호받고 만족할 만한 성과를 얻은 기업이 몇 개나 되는가?

초원을 호령하는 사자처럼 세계 시장을 지배하려는 강한 대한민국의 기업을 진정으로 지원하라.

클래식(Classic)은
안정감을 준다

로버트 드니로가 나오는 〈인턴〉이라는 영화가 있다.

40년 동안 전화번호부 제작회사에서 근무했던 70세의 드니로가 인턴으로 패션 온라인 스타트업에 채용되어 벌어지는 이야기를 다룬 영화다.

보수적이고 나이가 많은 드니로가 젊고 형식에 얽매이지 않고 까칠한 스타트업 회사의 여성 창업자와 함께 일하면서 벌어지는 일을 다룬 이야기다.

출근 첫날, 드니로가 남색 양복에 스트라이프 셔츠를 입고 헛간 타이를 메고 출근하는 모습이 인상적이다.

큰 사무실에서 자전거를 타고 파티를 하고 칸막이 없는 책상에서 빠른 속도로 일을 처리하는 온라인 판매 회사.

숨 가쁘게 돌아가는 젊은 회사에서 70세의 나이의 인턴 드니로는 노병이 왜 필요한가를 보여준다.

SNS와 촘촘히 연결된 온라인과 핫이슈들은 우리에게서 사색의 시간을 뺏어가고 있다.

노병에게는 경험이 있다.

젊은 사업가들이 노병의 경험을 소중하게 들을 수 있다면 그것은 큰 축복이다.

고동색의 오래된 사각형의 드니로의 가방을 보며 동료 인턴이 물어본다.

"가방이 얼마나 된 거예요?"

드니로는 "1973년에 산 거야. 단종됐지. 이건 클래식이야." 하고 답한다.

"최고예요."

우버(Uber) 힙합이 GE의 클래식과 공존하는 이유다.

클래식은 안정감을 준다.

투잡(Two Job)의
시대가 온다

　며칠 전 어느 IT 블로그 포스트에서 흥미로운 제목의 글을 보았다.

　포스트의 제목은 '완전히 새로운 세계가 온다(The next new World is coming)'였다. 세계에서 가장 영향력 있는 저널리스트 중 한 명인 〈뉴욕 타임스〉의 칼럼니스트 토머스 프리드먼이 포럼에 참석한 내용을 정리한 것이었다.

　예민하고 복잡한 국제 문제 등을 간단하고 명료하게 표현하는 데 최고의 능력을 갖춘 그는 『렉서스와 올리브 나무』, 『베이루트에서 예루살렘까지』, 『세계는 평평하다』 외에도 많은 베스트셀러를 냈고 세 번의 퓰리처상을 수상했다.

　그는 포스트에서 일본의 코닥(KODAK)의 예를 들었다.

　코닥은 세계 최고의 필름 회사였으나 디지털카메라라는 변화의 물결을 외면했고 결국은 파산했다. 즉, 더 이상 안전한 세계는 없으며 회사나 조직, 그리고 개인들도 코닥 같은 처지가 될 수 있다는 것이다.

지난달 토머스 프리드먼은 한국 취재를 위하여 한국을 방문했다.

당시 몇몇 언론과 인터뷰를 했는데, 나는 〈매일경제신문〉의 한 논설위원과의 대담 내용에 눈길이 갔다.

내용을 살펴보면 그는 "지금은 가속의 시대다. 기술과 시장 환경이 가속적으로 변할 때 우리는 그 태풍에서 도망칠 수 없다. 이런 때는 태풍 위 한가운데서 춤을 춰야 한다. 태풍으로부터 에너지를 끌어내면서 그 안에서 안정된 피난처를 만들어야 한다."라고 말했다.

그는 지금이 창업하기에 최선의 적기라고도 했다.

나는 격변하는 제4차 산업혁명의 시대에서 개개인도 이제 피난처를 찾아야 한다고 생각한다.

　이제 시대는 변하여 머지않아 주 4일 근무가 될 가능성이 있다. 한 언론과의 인터뷰에서 알리바바의 마윈 회장도 주 4일 근무의 미래가 올 것이라고 말한 것으로 기억한다. 그는 아시아 최대의 자산가이기도 하다.

　그리고 일본 도요타와 같이 재택근무를 채택하는 기업들이 현저히 늘어나며 개인은 더 많은 시간을 활용할 수 있는 나은 업무환경을 가질 수 있지만, 융합적이지 않은 많은 직업이 현격히 줄어들거나 없어질 상황에 놓일 수도 있다.

　기업들도 새로운 사업 기회 도전으로 더 많은 위험(Risk)을 감수하여야 하며 직원들의 종신고용을 확신시킬 수 없는 불안정한 미래에 놓여 있다. 하지만 앞으로의 시대는 인간의 한계를 한 단계 더 끌어올리는 성장의 발판이 되기도 한다.

나는 기업들이 이러한 환경의 변화를 받아들이고 직원들의 투잡(Two Job)을 인정하여야 할 시기가 왔다고 본다. 지속적인 임금 인상보다는 직원들이 도달해야 하는 업무성과의 목표를 명확히 하고 불투명 미래 환경에서 이들의 피난처 마련을 이해해 주어야 한다는 것이다.

일본은 이미 작년에 복수 직업을 인정하는 법안 마련에 들어갔다고 한다.

옛말에 한 우물을 파라고 했다. 사실 대부분의 직장인은 하나의 잡(Job)을 처리하기에도 벅차다.

하지만 이제는 변화가 필요하다.

미래의 세계는 다방면으로 넓어져야 하고 한 우물을 파야 한다면 융합적으로 넓게 파라고 권유하고 싶다. 사회에서 부업의 인정, 즉 투잡의 인정은 거의 운명적이라고 할 수 있다.

한국에는
왜 대표적인 명품이 아직 없을까?

나의 의문이다.

나의 칼럼 〈하나의 이유〉에서 이야기한 것처럼.

영국이 탄생시킨 것은 의회 민주주의와 스카치위스키 그리고 바바리코트라고 할 정도인데.

세계대전 당시 장교들을 위한 옷에서 출발한 바바리의 트렌치코트는 전 세계 유명인들의 사랑을 한 몸에 받았다.

영국의 상징으로, 세계 최초로 방수 원단을 사용한 발명품이다.

토머스 버버리(Thomas Burberry)는 견습생이었다. 변덕스러운 영국 날씨에 대응하기 위해 방수 직물을 이용하여 1891년에 지금의 바바리 브랜드를 탄생시켰다.

그가 만든 제품은 곧 입소문이 나고 전쟁 시에 활용도가 높았다. 군대에서 장교용으로 군용 방수복 타이로겐이라는 제품을 출시했는데, 이것이 오늘날 바바리 트렌치코트의 시초가 된다.

바바리는 공식 왕실 지정 업체가 되었다. 에드워드 7세는 코트를 가져오라고 하지 않고 "바바리를 가져와라."라고 하여 이것이 코트의 대명사가 되었다. 이는 언론에 나오는 '바바리맨'의 어원이 되기도 했다.

1980년대에 패션을 접수했다고 할 수 있는 조르지오 아르마니 (Giorgio Armani)도 옥죄는 스타일의 슈트에서 탈피해서 곡선에 튀지 않는 세련미를 가진 디자인으로 인기가 좋다.

중저가 라인을 가진 명품인 캘빈 클라인(Calvin Klein)은 최초로 청바지에 고가의 디자이너 진의 개념을 도입했다.

이처럼 명품의 탄생을 지켜보면 알 수 있듯이, 명품이라고 해서 그냥 무조건 가격이 높게 책정된 제품이라고 생각하면 큰 오해다.

에르메스(Hermes)의 CEO인 파트릭 토마의 말대로 "아무것도 바꾸지 않기 위해서 모든 걸 바꾼다."는 것처럼 말이다.

가방과 스카프가 대표적인 에르메스는 골프를 할 때 잦은 스윙으로 고장이 자주 나는 시계를 개선하기 위해 벨트에 차는 시계를 선보였다. 즉, 명품도 '필요'라는 명분 아래에서 탄생하는 것이다.

나는 한국의 명품을 꼽으라면 명품에 가장 근접한 브랜드로 선글라스 브랜드인 젠틀 몬스터(GENTLE MONSTER)를 꼽는다.

아직 명품의 가격은 아니지만, 나는 출장 때 홍콩의 젠틀 몬스터 매장을 즐거운 마음으로 둘러봤다. 어떤 명품 브랜드와 비교해도 손색이 없다.

젠틀 몬스터를 구글로 검색해 보았다. 내가 놀란 건 이들이 스타트업(START UP)이라는 것이다.

나는 걱정이 앞선다. 이들이 잘 헤쳐나갈 수 있을까?

많은 기업이 이들을 보고 군침을 흘리고 있을 텐데….

먼저 나의 의견을 이야기해 본다. 한번 시작했으니 브랜드 포지셔 닝을 톰 포드(TOM FORD), 베르사체(VERSACE), 프라다(PRADA), 돌체 가바나(D&G) 정도의 가격 수준으로 가져갔으면 한다.

나는 자신감을 가져도 된다고 이야기하고 싶다.

한국 브랜드라고 해서 무조건 해외 명품보다 싸야 한다는 법칙은 없다.
브랜드 히스토리를 강화하고 명품 브랜드 도약을 위해 자금을 유치하여야 한다.
명품 브랜드가 되려면 제품은 물론이고 모든 것이 명품화되어야 한다.

진정으로 많은 자금이 필요하다.

나는 한국의 대기업들이 젠틀 몬스터에 투자해 주었으면 하는 바람이다.

패션 기업인 제일모직, 코오롱, 이랜드 같은 기업에서 이들을 인수하는 것이 아니라 이러한 스타트업에 날개를 달아줄 수 있는 한국의 맏형으로서 사명감을 가지고.

나는 한국의 골든 듀(GOLDEN DEW)라는 반지, 목걸이 위주의 액세서리 업체의 변화도 관심 있게 지켜보고 있다.

진정으로 한국의 명품 브랜드의 탄생을 기다린다.

이제 한국도 명품 브랜드에 도전하라!

Do you know about the polar express

Looking up in the sky,

Isn't the sky beautiful?

Are the clouds crying?

No, they are smiling.

Is it raining?

Is it hard to look up in the sky?

It may be hard,

but soon the rain will stop.

Is it hard to move others with too much hatred in your heart?

Are you afraid of failure?

Throw away your hatred and into your cup.
Fill your empty glass with the love and care of your loved ones.

praise others for their action.
stop opposing for opposition.

look at the mountains. Can you feel the fresh breeze?
Now, open up your heart and hold out your hand.

The train for hope is on the way.

Do you know about the polar express?

the train loading our Christmas gifts.

가속의 시대에
우리는 매우 바쁘려고 한다

가속의 시대에 우리는 매우 바쁘려고 한다.

바쁘다는 것이 능력이 있다는 의미로 포장되어 뒤돌아볼 시간도 없다.

휴대폰과 컴퓨터는 이미 우리의 사색의 시간을 점령해버렸고 포털과 SNS의 핫이슈(Hot Issue)는 우리에게 관심을 고정하라고 한다.

조금 천천히 차를 마셔도 된다.

당신 자신을 찾기 위해 잠시 배낭을 메고 길을 떠나도 된다.

가끔 하늘도 쳐다보고 자유롭게 눈이 가는 곳으로.

배낭에 신문 한 장, 베이글이나 초코파이 몇 개와 생수 한 병만 있으면 외롭지 않을 수도 있다.

세상은 주임, 대리, 과장, 부장으로 나누어 구분하기도 하지만 보이는 것이 다는 아니므로.

길이 없는 길로
가야 한다

길이 없는 길로 가야 한다.

곧 장미 대선이다.

이미 인기 없는 보수는 보지 않아도 참패다. 누가 봐도 쉽게 그림이 그려진다.

나는 이 시점에서 보수의 마지막 기회에 대해서 말하고 싶다.

보수의 후보는 먼저 중동의 50도가 넘는 열사의 땅 중동에서 대수로 건설 및 한국을 드높이고, 미국 프리미엄 가전 시장에서 시장 점유율 1위와 3위를 쟁취하고, 아시아의 안방을 점령하고 있는 K-DRAMA와 K-POP, 즉 한류를 전파하고 있는 대한민국에 관해 비록 인기가 없지만, 진정한 보수의 대표로서 자부심과 그동안 대한민국의 경제를 견인해온 선배들을 자랑스러워해야만 한다는 전제 조건이 있다.

어울리지 않는 진보의 옷을 입고 아무 곳에서나 작든 크든 텐트나 치고 이러면 영영 가망이 없다.

자, 없는 길로 가 보자.

첫째, 홍준표 후보는 내려오라.

이번 판은 홍준표 후보의 것이 아니다.

그에게는 김무성 의원과 함께 TK와 PK를 방어해야만 하는 팀 리더의 의무가 있다.

그리고 어려울 때는 노장과 원로들을 최대한 활용해야 한다.

1940년대에 출생한 대선배들의 손을 잡고 삼주(전주, 청주, 공주)에서 승부를 걸고 결판을 내자.

　호남에 내려가지 말아라.

　박지원 선배에게 일임하라.

　그에게는 비즈니스 감각과 동물적 감각이 있다. 정권 창출 시 원하는 호남의 지분에 10%를 더 얹어서 그가 투자하게 하라.

　그는 대선 흐름의 분수령이 어딘지 알고 있다.

　호남은 김대중 대통령의 그림자인 그에게 더 많은 호감을 느끼고 있고 그림자는 때론 실체보다 더 길다.

　천정배 선배에게 전화하는 것도 잊지 말아라.

　노무현 대통령의 수발을 더 잘 들었고 검찰에 가는 같은 버스에 동승했다고 해서 노무현 대통령의 정통성을 계승했다고 하는 것은 정말 코미디다. 호남은 박지원 선배와 천정배 의원의 손을 잡는다.
단, 충분한 지분을 보장해야 한다는 것을 잊지 말아라.

그리고 이제 김종인 선배의 바지를 잡아라.

그는 킹 메이커의 DNA가 있고 정권 창출과 이기는 방법을 아는
분이다. 해박한 경제 지식은 그저 보너스다. 최대한 공손히 모시고
오라.

지분보다는 고문 역할, 즉 명예와 명분을 더 중요시하는 분임을
잊지 말아라.

그리고 세 명 중 가장 젊은 손학규 선배의 손을 잡아라.

능력에 비해 홀대받고 철저히 저평가된 우량주인 그를 감싸주고

믿고 의지해도 된다.

그는 신사다.

그리고 미안하지만, 유승민 의원도 빠져 주셔야 한다.

점잖고 참신하지만 역시 이번은 아니다. 한 표가 아쉬운 상황이다.

TK에 도움을 주면 더 감사하다.

TK 보수 수성의 역할을 점잖은 대구 출신의 유승민 의원이 해 주셨으면 한다.

산뜻한 아이디어와 신선한 공약을 창조하는 남경필 의원을 품고 남 의원의 홈그라운드인 수원과 경기를 공략하라.

남 의원은 아이디어와 창조성을 보수의 후보에게 수혈해야 한다.

정동영 선배는 비록 패했지만 대선 레이스의 경험을 가지고 있는 귀중한 자산이다.

그에게 반드시 자문하여라.

청주는 안철수 후보가 직접 고민해야 하는 어려운 지역이다. 대동여지도를 보면 답이 있다. 서울로 와서 정운찬 전 총리와 만나라. 늦은 시간이라도 괜찮다.

문재인 선배의 경제 공약을 보면 한숨이 저절로 나온다.

달려가는 자전거를 멈추게 하고 경제를 코끼리나 하마처럼 날씬하게 만들어서 잘 날 수 있게 만든다고 한다. 신의 가호가 있길 바랄

뿐이다.

일해 본 사람들과 기업가들은 그가 과대 포장되어 있다는 것을 알고 있다.

안철수 후보에게 말한다. 어울리지 않는 진보의 옷을 벗으려고 노력하라.

그리고 한국 경제는 강하다는 것을 선포하고 안 후보의 해박한 지식을 젊은이들에게 전하고 자기의 느낌과 사상을 함께 공유하라. 너무 교수 스타일의 분석적인 대화 스타일은 피하라. 알고 있는 수준의 60% 선에서 얘기해야 보통 사람이 알아듣는다는 것을 명심해 주기 바란다.

동선을 단순화하고 공약을 단순하게 하라.

그리고 야성을 키우자. 야성이 키워드다.

그리고 한 가지만 기억하자. 사람이다.

투견들은 싸움에서는 용감하고 사납지만, 평소에는 굉장히 온순하다.

더 거칠어져야 하고 대선 경쟁 기간 동안에는 영국 신사의 이미지를 잠시 벗었으면 한다.

대한민국 대선 후보 중 다가오는 제4차 산업혁명과 그린 에너지 사업, IT 강국 코리아를 만들 수 있는 후보가 안철수밖에 없다는 것에 많은 사람이 동감한다.

그가 보수 쪽으로 1보 이동했다는 소식을 접했다.

자, 힘을 내서 내친김에 우측으로 1보 더 이동하라.

그리고서 안 후보에게 다가서는 사람들과 1940년대 노병들과 원로들, 그리고 1950년대의 선배들과 지금 안 후보와 같이 커피나 차를 마시고 같이 소주를 마시고 같이 밥을 먹고 같이 회의를 하며 같이 걷고 같이 메일을 주고받고 문자를 하고 같이 톡을 주고받는 이들을 믿고 안철수 후보의 운명을 맡겨라.

전쟁터에서 전우들이 알려준 암호와 때로는 일면식 없는 동료가 준 무전기의 암호에 군인들은 자기 목숨을 건다.
20대와 30대의 청년들을 미안한 마음으로 바라보고 군대 시절 고통스러웠던 유격 훈련을 생각하고 잠시 숨을 고른 다음 삼주(전주,

청주, 공주) 대첩을 준비하자.

　서울의 전철을 타 보면 각 6개씩, 12개의 경로석이 있다.
　은색 의자도 있고 보라색 좌석도 있다.
　앞으로 우리는 초고령화 시대에 무겁게 이들을 업고 가야 한다.
　우리의 어머니이고 할머니이고 할아버지이기 때문이다.
　이들은 전쟁 시대를 겪었기에 의심이 가는 문재인 후보보다 건너
도 되는 녹색등의 안철수 후보의 편에 설 것을 확신한다.

　만약 안철수 후보가 그 지점에서 1보 더 우로 이동하면 정말 해
볼 만하다.
　왜냐하면 안 후보에게는 호감을 느끼는 합리적인 젊은 지지층이

있기 때문이다. 그리고 삼주(전주, 청주, 공주)에서 신에게 기도하고 배수의 진을 치고 한번 결판을 내 보자.

안철수 후보가 진정으로 이길 수 있다는 희망에 나는 자신 있게 한 표를 던진다. 단, 우측의 자리에서다.

대한민국에서 그린 에너지 산업은 필수적이고 운명이다

대한민국에서 그린 에너지 산업은 필수적이고 운명이다.

그린 에너지 사업에 대해 정부의 지원은 또한 필수적이다.

그렇다면 예를 들어 태양광 관련 기업들이 정부의 지원을 받으려면?

기술 개발의 지원을 받으려면 국가 연구 개발 사업은 지식경제부 고객 감동센터(1577-0900)로 전화하라.

기술 개발에 대한 조세 지원 사항을 알고 싶으면 기획재정부(044-215-2114)로, 전화를 받지 않으면 당직실로 전화하자. 전화번호는 044-215-4000이다.

조세 관련 사항은 국세청(044-204-2200)으로 전화하자.

자금이 필요하다면.

그린 에너지 사업화에 관련해서는 중소기업청(국번 없이 1357)으로 전화해 보자. 단, 월요일부터 금요일까지이고 09시에서 18시까지만 전화를 받는다. 지식경제부(1577-0900)로도 전화하라. 중소기업 정책 자금을 융자해 주고 투자 펀드를 지원해 준다.

보증지원이 필요하면 기술보증기금(02-3215-5900)과 신용보증기금(1588-6565)으로 전화하라.

인력 지원이 필요하면 전문 인력 양성 관련 사항을 지식경제부에 전화해서 확인하자.

마케팅으로 시장 활성화가 필요하다면 정부구매 조달청(02-590-8600)과 지식경제부(1577-0900), 보급 확대를 위해서라면 지식경제부와 에너지 관리공단(031-260-4849)에 전화해도 된다.

현재는 이름이 변경되어 한국 에너지 공단으로 변경되었다.

협소한 내수 시장 탈피를 위해 사업을 글로벌화하려면 한국무역보험공사(1588-3884)와 코트라(1600-7119), 한국무역협회 트레이드 콜센터(1566-5114)로 전화하자.

지식경제부는 지금 산업통상자원부로 이름이 변경되었다.

아마 새로운 정권이 출범했으므로 이름은 또 변경될 것이다.

이름은 신경 쓰지 말고 전화번호만 메모하자.

말로만 지원하고 움직이지 않으면 청와대(02-730-5800)로 전화하자.

그래도 안 움직이면 그린 에너지 산업의 담당자인 대통령에게 이메일을 보내자.

오너의 결정은
기업의 미래를 좌우한다

LG전자는 지난 11일 전사 소프트웨어 역량과 핵심 기술 개발을 강화하기 위해 전기·전자 및 자동차 부품 기술 전문가인 박일평 부사장을 소프트웨어 센터장으로 영입했다고 밝혔다.

이어 LG전자는 소프트웨어 센터를 신설해 박 부사장에게 전권(全權)을 주며 LG전자의 소프트웨어 경쟁력 강화를 주문했다고 23일자 〈조선비즈〉는 보도했다.

〈조선비즈〉의 보도를 그대로 인용하면 그는 2007년 미국 조지아 공과대학에 'STAR(Samsung Georgia Tech Advanced Research) 센터'를 설립해 삼성 소프트웨어 아키텍트(Software architect) 교육 프로그램을 개발하기도 했으며, 삼성전자 상무로 근무하던 2012년에는 미국 전장 업체인 하만의 최고기술책임자(CTO)로 영입돼 자리를 옮

겼다고 한다. 경쟁사인 삼성전자에서의 6년간의 근무 경력 때문에 이례적으로 LG전자 보도자료에 그의 경력을 언급하지 않았다고 추측했다.

나는 먼저 LG그룹의 구본무 회장의 이러한 쉽지 않은 결정에 박수를 보내고 싶다.

경쟁사인 삼성전자의 인재를 영입해 미래 차세대 핵심 역량 부문의 전권을 준다는 결정은 아마 쉽지 않았을 것이다.

구 회장도 물론 자기와 고락을 같이한 LG 출신의 임원이나 아니면 적어도 경쟁업체인 삼성전자가 아닌 제3의 기업에서 인재를 스카

우트하였다면 조직의 반발과 불만을 불식시킬 수 있었을 것이다.

아마 내 생각에는 구 회장은 그의 하만의 CTO 근무 시절 업무 성과를 높이 평가했고 회사의 미래를 위해서 어려운 의사결정을 하지 않았나 싶다.

회사의 미래는 사람, 즉 인재에 의해서 결정된다.

요즘 가끔 음악을 듣다 보면
재밌기도 하고 놀랍기도 하다

요즘 가끔 음악을 듣다 보면 재밌기도 하고 놀랍기도 하다.

먼저 싸이(PSY)의 〈I LUV IT〉. 욕이 아닌 듯 욕을 질러댄다. 이럴 땐 재미있다고 해야 하나, 난감하다고 해야 하나?

같은 소속사 선배를 지원하는 듯 내가 존경하는 지드래곤 (G-DRAGON)도 거친 가사를 토해낸다. 노래 제목은 영어로 〈BULLSHIT〉이다.

요즘 내가 흥미를 느끼는 가수는 혁오다.

혁오의 〈톰보이〉, 〈폴〉이란 노래를 좋아하고 〈사이먼〉은 나한 테는 좀 어려운 것 같다.

노래 제목으로 봐서 다음 앨범은 〈스미스〉, 〈토머스〉, 〈리처드〉 정도의 제목을 가진 노래가 나오지 않을까 싶다.

그런데 나를 놀라게 하는 것은 혁오의 노래 중에서 'JESUS'라는 단어가 들어가는 노래 제목이다.

이쯤 되면 파격을 지나 비난이 나올 만도 한데, 세상은 별일 없다.

이름이 재미있어서 〈IDIOT APE〉라는 음악을 들어보았는데 흥미롭다.

몇 달 전 TV 오디션 프로그램에서 어린 아가씨가 부르던 〈SIDE TO SIDE〉도 나에겐 파격적이다.

그 노래를 부른 서양의 여가수가 한국에 온다고 한다.

대중문화는 선해야 한다는 생각은 지금도 변함없지만, 음악인들의 표현의 자유에 좀 더 관대해진 성숙한 한국이 싫지만은 않다.

131

이제까지 정경 유착을 통한
한국 기업의 성장을 누구도 부인할 수는 없다

이제까지 정경유착을 통한 한국 기업의 성장을 누구도 부인할 수는 없다. 그리고 이런 한국 기업이 한국경제호를 견인해 왔다는 것도 부정할 수 없다.

이제는 자본은 약해도 아이디어와 스피드로 뭉친 스타트업 기업과 벤처 IT 기업과 젊은 사업가들이 한국경제호를 끌어야 한다.

이제 단순 제조는 한계점에 봉착했다. 시스템이 바로 미래다.
무소유는 '모든 것을 소유한다'는 의미가 되었다.
주위에서 쉽게 볼 수 있는 모든 것들이 바로 사업화할 수 있는 것들이다.
에어비앤비(Airbnb)와 우버(Uber), 넷플릭스(Netflix)에서 볼 수 있는 것처럼 촘촘히 연결된 세상은 세계로의 진입 비용이 거의 없게 만들었다. 이제 세상은 젊은 사업가들을 많이 공평한 경기장으로 인도하고 있다.

아이디어와 속도로 무장한 한국의 젊은 사업가들에게 당부하고 싶은 것은 일을 즐기라는 것이다.

기존의 것들과는 차별화된, 젊은 사업가들만이 할 수 있는 기업 환경을 창조했으면 하는 바람이다.

9시에 출근하고 6시에 퇴근하라고 하지 않았으면 좋겠다.

주임, 대리, 과장, 차장, 부장, 작업반장 같은 시스템도.

창조적인 사업에 있어서 틀에 박힌 기존 경영학을 따르라고 권하고 싶지도 않다.

이제 일을 즐기고 창조하고 모자라는 것을 채워줄 수 있는 파트너들과 날개를 폈으면 한다.

모든 것을 혼자 다 잘할 수는 없다는 것에 대한 인정이 필요하다.

지금 난 이스라엘 텔아비브의 Rothschild Boulevard의 벤치에 앉아 이 글을 쓰고 있다.

세계 최고의 스타트업이 모여있는 이 거리를 찾기 위해 알렌 스트리트(Allen St.)에서 이곳을 찾아왔다.

구글맵도 나를 인도해 주지만, 사람들에게 물어물어 찾아오는 것도 나쁘지 않다.

이스라엘에서는 젊은이들이 취업보다는 아이디어로 창업하는 것을 더 선호한다고 한다.

진정으로 부러운 일이다.
한국의 젊은 사업가들에게 자신을 가져도 된다고 말하고 싶다.

대기업들은 이러한 한국의 젊은 사업가와 스타트업과 벤처 IT 기업들에게 만형으로서의 역할을 당부하고 싶다.

그동안 한국경제호를 잘 끌어왔고, 이제 새로운 성장 동력을 한국의 젊은 스타트업 기업과의 협업에서 찾기를 부탁드린다.

대기업의 자산과 인프라 그리고 한국의 젊은 스타트업의 협업 (Cooperation)이 바로 한국경제호가 순항할 수 있는 최고의 미래다.

2017년 12월

이스라엘 Tel Aviv Rothschild Boulevard 벤치에서

이제는 가끔 멈춰 서서
하늘을 보고 싶다

얼마 전 비가 오는 광화문에 갔다.

시간이 남아서 커피숍에 들러 따뜻한 캐모마일 차 한 잔을 벤티 사이즈로 주문해서 받았다.

손으로 전해지는 종이컵의 온기가 싫지 않다. 비 때문일까?

따뜻한 차는 사람을 감성적으로 만든다. 차 한 모금을 입에 머금고 휴대폰의 음악 재생 버튼을 누른다.

〈종이 구름〉이라는 음악이 흐르고 창밖으로 보이는 비 오는 광화문의 풍경은 '혼차(혼자 차 마시기)'를 하는 나에게 여유와 행복감을 준다. 이 시간이 좋다.

IT에서 말하는 클라우드(Cloud)는 미래의 세계를 재설계하는 엄청난 파급력을 가졌다고 하는데. 이름처럼 그렇게 푹신하지 않다고 하는데.

이어폰에서 귀로 전달되는 피아노와 어쿠스틱 기타(Acoustic Guitar)의 선율은 〈종이 구름〉이라는 노래 제목처럼 매우 푹신하고 편안하다.

정말 광화문은 비가 오는 데도 분주하고 바쁘다.

인터넷과 소셜미디어는 우리에게 사색의 시간을 내려놓으라고 하고 더 빨라진 일의 속도는 우리에게 더욱더 빠르게 달리라고 채찍질한다.

세상의 변화 속도보다 더 빠르게 노를 저어야 승자가 될 수 있다고.

포털의 실시간 검색어는 우리에게 지속적인 관심을 요구하고 온종일 업데이트되는 뉴스들은 우리의 시간을 가져오라고 한다.

세상이 공정별로 정해져 있는 일정을 관리하는 작업반장님도 아닌데….

비가 오는 하늘을 보기는 쉽지 않다.
동네 연립주택의 주황색 벽돌이 멋있어 보인다.
아파트에 서 있는 나무의 녹색 잎을 자세히 즐기는 데는 10초도 걸리지 않는다.
만지지 않아도 이미 충분하다.

이제는 가끔 멈춰 서서 하늘을 보고 싶다.
아름다운 이 세상에서 살 수 있게 해준 고마움으로.

자본주의는
강력한 장점이 있다

자본주의는 강력한 장점이 있다. 자본주의는 부와 수입의 증대를 창출할 수 있는 가장 효과적인 시스템이다.

영국의 워릭대 명예교수인 로버트 스키델스키의 말처럼, "계속 생산되는 부는 가난을 구제하지만, 누구를 위한 부인가?"라고 하는 말에서 자본주의의 고민을 엿볼 수 있다.

EBS MEDIA에서 발행한 『자본주의』라는 책에서 말한 것처럼, 우리는 고장 난 자본주의를 바꾸기 위해 국민의 복지를 생각해야만 한다.

국민이 주인이 되는 자본주의.

이 시대의 자본주의가 낳은 양극화, 불평등, 빈부 격차를 해결할 수 있는 복지 자본주의에 관한 고려가 필요한 시점이다.

대부분의 사람이 행복하지 않은 자본주의에서 대부분의 사람이 행복한 자본주의로 보수(Repair)가 필요하다.

작은 부자가 되기 위해

작은 부자가 되기 위해.

세상을 난 좀 편하게 살아간다.

직업상 사람들을 많이 만나는 나는 만나는 사람이 나를 좋아한다고 먼저 생각한다.

그러면 그 사람이 나도 좋다.

어떨 땐 오늘은 어떤 좋은 사람을 만날까 해서 조금 가슴이 두근거린다.

몸무게가 고무줄인 나는 나의 몸무게에도 관대하다.

살이 쪘을 땐 살이 쪘으니 신경이 덜 예민해지고 관대해져서 좋다.

오랜 해외 출장으로 살이 많이 빠졌을 땐 보기에 좋다고 좋아한다.

요즘 사람들이 관심을 많이 두는 몸짱 프로젝트에 나는 별로 관심이 없다.

나이가 들어 근육질의 몸매도 좋지만, 조금은 편안하고 보기 싫지 않을 정도의 뱃살이 주는 편안함이 더 좋다.

내가 되고 싶은 사람은 작은 부자이다.

오늘도 걷는다.

작은 부자가 되기 위해.

전문가는 중요하다

정부가 27일에 문재인 대통령이 주재한 국무회의에서 공정이 28.8% 진행된 신고리 원전 5·6호기의 공사를 일단 중단하고 계속 건설할지의 여부를 놓고 공론화(公論化) 과정을 거치겠다고 밝혔다. 시민 배심원들에게 관련 정보를 충분히 제공한 후 배심원단의 토론을 거쳐 결정한다는 것이다.

나는 문재인 대통령의 당선 후 국민에 대한 스킨십을 나쁘게 생각하지 않는다. 하지만 이번 결정은 다시 한번 돌아볼 필요가 있다.

이 시대에 전문가들은 정말 중요하다.

이것은 마치 중병에 걸린 환자의 수술을 앞둔 상황에서 의사들을 배제하고 일반인들로 구성된 배심원들에게 충분한 의료 지식을 전달한 다음 일반인이 수술 여부를 결정하는 것과 같다.

만약 최저임금에 대한 결정이라면 이해할 수 있다.

하지만 원전 사업은 국가의 민감하고 전략적이며 전문적인 부분이다. 당연히 전문가들의 충분한 의견을 수렴해야 한다. 때로는 리더는 반대를 무릅쓰고서라도 자기의 의지를 관철할 수 있는 리더십도 필요하다고 본다.

그것이 리더가 존재하는 이유이고 전문가가 필요한 이유이다.

최저임금 만 원이
사회적인 이슈다

　미국에서 최저임금 인상이 비숙련 저임금 근로자의 소득을 오히려 감소시킬 수 있다는 연구 결과가 나왔다.

　〈한국경제신문〉 6월 28일 자 기사에서는 지난해 미국의 시애틀에서 최저임금이 11달러에서 13달러로 인상된 뒤 근무 시간이 줄어 저임금 노동자의 평균 월급이 1,897달러에서 1,772달러로 줄었다고 한다. 오히려 고소득 근로자의 임금과 고용이 늘었다고 한다.

　조금 이해가 가지 않지만, 임금 인상으로 인한 일자리가 줄어들 경우 가능한 시나리오일 수도 있을 것 같다.

　보수 성향의 폭스 뉴스(FOX NEWS)는 최저임금 인상이 오히려 빈곤층을 더 어렵게 한다고 했고 〈뉴욕 타임스〉는 식당과 서비스 업종은 고용감소가 나타나지 않았다는 UC 버클리의 연구 결과를 부각시켰다.

미국은 요식업의 경우, 팁(Tip) 문화가 있고 팁을 최저임금에 포함하는 것을 허용하는 주(州)도 있어 요식업의 인건비 부담이 제조업보다 훨씬 적다.

한국 요식업의 경우, 가격에 종업원에게 주는 소액의 팁(Tip)을 포함하면 어떨까?

점점 늘어나는 배달 문화에서 배달의 경우 배달원에게 주는 소액의 팁(Tip)을 포함하면 어떨까?

업종별 최저임금을 조금 다르게 하면 어떨까?

다양하고 유연한 여러 가지 지혜와 제안을 모아야 할 시점인 것 같다.

퍼기와 베스
(Porgy and Bess)

아프리카 미국인의 삶을 다룬 가상의 마을 캣 피시에서 벌어지는 일을 다룬 〈퍼기와 베스(Porgy and Bess)〉라는 3막 9장으로 구성된 오페라가 있다.

나는 이 오페라가 인생을 닮았다고 생각한다.

요즘 기성세대는 젊은이들에게 빚을 지고 있다.

젊은 청년들은 연애를 포기하고, 결혼을 포기하고, 자녀를 포기한다는 '3포 세대'라는 단어를 접하고 우울하다.

인생의 황금기이고 무엇을 해도 즐거운 시절에 나는 후배들이 그러지 말았으면 좋겠다. 사랑은 산소다.

젊음은 그것을 마셔야 하기에 나는 내가 생각하는 방법에 관해서 이야기해 본다.

'3포'는 돈이 없는 이유가 가장 클 것 같다.

먼저 사랑하고 싶은 여자 친구를 찾자. 데이트 비용은 걱정하지 말고 찾아라.

여자 친구의 장점을 보자. 모든 것이 완벽한 여자는 없다. 한 가지만 보자.

그리고 만날 날을 정해서 약속해라. 3~4일 후 정도 후면 좋을 것 같다. 데이트 비용을 준비해야 하기 때문이다.

일단 데이트 날짜를 정했으면 데이트 준비에 전념하자.

최선을 다하는 남자는 매력이 있다.

먼저 온라인으로 알바몬, 알바천국 등에서 데이트 비용을 벌 수 있는 단기 아르바이트를 구하자.

아르바이트를 구할 때 조건이 좀 좋고 근무 환경이 좋은 곳은 오라 가라 해서 피곤하다.

엔터테인먼트에 관심이 있어서 엑스트라 같은 것을 하면 보증금을 내라고 하는 곳도 있고, 사극을 찍는답시고 갓 쓰고 긴 한복을 입을 수도 있어서 별로다. 심하면 포졸 복장을 입고 고문당하는 역을 맡을 수도 있으니 피하자.

〈교차로〉, 〈벼룩시장〉은 유흥 서비스업 구인이 많으므로 조심하자.

나는 선착순으로 바로 가능한 물류 아르바이트를 권한다.
문자만 보내면 어디로 오라 하고 가는 날부터 바로 일할 수 있다.
조금 돈을 더 주는 야간 물류 센터에서 일하면 좋을 것 같다.
영하 23도에서 일해야 하는 냉동 물류센터는 피하자.
눈썹과 코에 얼음이 묻어서 요즘의 인기 단어인 '분노'가 올 수 있다.
주의해야 할 점은, 밤에 야식을 주는데 우동이 불어 있을 수도 있
다는 점이다.

일하는 동안에는 3일 후에 만날 여자 친구를 생각하자. 그녀의 좋
은 점을 계속 생각하고 이름을 부르면서 일하면 한결 편하게 일할
수 있다.

밤을 새우고 거의 첫 전철을 타고 집에 오면 데이트 날을 위해서 푹 자자.

이제 그녀를 만나기로 한 D-2일이다.

입고 나갈 옷을 준비하자. 옷도 다리고 신발도 닦고 가지고 있는 옷 중에서 최대로 멋지게 하고 갈 수 있도록 준비하자. '갑자기 내가 왜 이래야 하나?'라는 생각이 들 때는 그녀의 좋은 점을 생각하고 준비하자.

어제 야간 물류 아르바이트로 번 7만 원이 있다. 쓰지 말고 아껴야 한다.

그녀를 만날 생각을 하면서 잠이 들면 만나기로 한 날의 아침이 밝았을 것이다.

지금부터는 집중해야 한다.

먼저 준비한 옷을 입고 샤워를 한다. 그리고 가야 할 곳이 있다.

'H&B STORE', 즉 외국에서는 드럭스토어(Drug Store)라고 하는 올리브영(Olive young)이나 랄라블라(Lalavla)이다. 비슷한 종류의 매장도 상관없다. 가서 먼저 얼굴에 향기가 좋은 남성용 로션과 스킨 로션을 바르자.

어떤 것이 남성 화장품인지 모르겠다면 검은색 용기에 담긴 화장품을 찾자. 왠지는 모르지만, 남성 화장품은 블랙(Black) 컬러인 경우가 많다.

그런 다음 머리에 왁스나 스타일링 젤을 바르자.

그러고 나서 향수가 있는 곳으로 가서 마음에 드는 향수를 뿌리자. 비싼 것으로 뿌리면 된다. 어차피 공짜다.

그러고 매장에서 근무하는 아가씨에게 가서 조언을 받자.
만날 여자 친구의 모습과 취향을 설명하고 4~5만 원 안에서 살 수 있는 가장 좋은 선물을 추천받자. 제4차 산업혁명 시대에서는 전문가의 조언을 중요시해야 하며 스마트(Smart)해야 한다는 것을 잊지 말고 조언을 구하자.

그녀는 자신이 아는 지식 선에서 여자 친구가 좋아하는 최선의 제품을 선택해 줄 것이다.
그녀는 시장의 트렌드와 여자 친구가 좋아하는 것이 무엇인지 알고 있다.

포장에 대해서도 상의하라. 그녀가 도와줄 것이다.

작은 선물 백을 들고 약속 장소로 가라. 적어도 1시간 전에는 도착하여 미리 동선을 살펴보는 것이 좋다.

약속 장소로는 분위기가 좋은 스타벅스(Starbucks)를 추천한다.

여자 친구가 만약 단 것을 좋아하면 그린티 프라푸치노를 권한다. 물론 그러기 전에 무엇을 좋아하는지 반드시 물어보자. 당연히 본인은 그냥 아메리카노 톨 사이즈를 시켜야 한다.

단, 300원 더 싸다고 오늘의 커피를 주문하면 궁상맞아 보이니 주의하자.

선물하면서 여자 친구의 어떤 점이 좋았다고 이야기하자. 그리고 예의를 갖춰서 선물을 주자. 선물을 받고 싫어하는 여자는 없다.

남은 돈으로 오늘은 저녁까지 사자.

세계 3대 음식인 이탈리아, 터키, 중국 음식 중 나는 이탈리아 음식을 추천한다.

여자들은 유럽 스타일을 좋아한다.

매장 환경이 좋은 편의점으로 들어가자. 너무 좁은 곳은 별로이므로 분위기 있는 편의점을 미리 찾아놓아야 한다.

그리고 문이 없는 냉장고에서 이탈리아 스파게티 미트볼을 2개 꺼내서 계산하자.

맛있다는 말을 미리 꼭 해야 한다. 음료는 델몬트 주스로 스페셜 오퍼(Special Offer)를 한다. 그리고 오븐에 1분 40초를 돌려야 한다. 전문가의 의견을 존중하자.

1분 40초를 돌리면 가장 좋은 맛이 난다.

그녀에게 포장을 풀어서 정성껏 대접하자. 그러고 허풍을 좀 떨자. 대개 자수성가한 사업가들은 허풍이 있다.

'비전,' '꿈,' '자신감(confidence)' 등의 단어를 사용하여 그녀를 행복하게 해 줄 수 있다고 얘기하자.

야간 물류 일을 하면서 그녀를 생각했던 그 감정을 솔직히 얘기하자.
나는 진심으로 잘됐으면 좋겠다.

만약 그녀가 다음에 또 만나기로 애프터(AFTER)해 줬다면 성공이다.

이제 연애 시작, 새로운 도전이다.

자. 이제 그녀를 위해 냉동 창고에 들어가야 할 수도 있다.

왜냐하면 24K 반지는 더 비싸기 때문이다.

기억해야 할 것이 있다. 세상에 냉동 물류 아르바이트보다 힘든 일은 별로 없다. 인생은 솔직히 항상 달콤하지만은 않은 것 같다. 그리고 평등하지 않다.

후배들에게 조심스럽게 물어본다.
퍼기(Porgy) 또는 베스(Bess) 중에서 하나만 선택해야 한다면?

호미로 막지 말아라

김상조 공정거래위원장은 23일 4대 기업 CEO와의 만남에서 대규모 기업 집단은 한국 경제가 이룩한 놀라운 증거라며 미래에도 한국 경제의 소중한 자산이 될 것이라고 했다.

그리고 그와 동시에 대기업과 소수의 상위 그룹은 글로벌 기업으로 성장했는데, 대다수 국민의 삶은 오히려 어려워졌고 이것은 문제가 있다고 하며 기업의 자발적 변화를 기다리겠다고 했다고 한다.

나는 김상조 공정거래위원장의 이러한 발언이 재계에 긍정적인 영향을 미칠 것으로 생각한다.

경제 칼럼니스트인 윌리엄 페섹은 주식회사 대한민국이 신뢰를 얻으려면 국제 기준에 맞는 행동 수칙을 도입해야 하고 돈세탁 등 대기업의 일탈 행위에 실질적으로 제약을 가할 규제를 만들어야 한다고 했다.

동시에 경영권 방어 장치나 상호출자 등 총수 일가의 지분율을 높이기 위한 각종 재무 기법에도 규제를 가해야 한다고 했다.

무엇보다도 대기업의 이사회에 오너 일가의 이익이 아닌, 회사의 이익을 우선시하는 사람을 채우는 것이 급선무라고 했다.

윌리엄 페섹의 칼럼 내용은 주식회사 대한민국이 외국인 투자자들의 신뢰를 얻는 첫걸음이다.

스스로 호미로 막을지는 대기업의 의사 결정의 몫이다.

중국을 뒤로하고
동남아로 진군하자

　2012년 일본 정부가 중국과 영토 분쟁 중이었던 센카쿠 열도의 국유화를 완료하자, 중국에서 격렬한 반일시위가 일어났다. 이에 따른 재중 일본 기업의 손실액은 1억 달러가 넘었다.

　바로 대중국 수출액이 67억 5,800만 달러 감소했으며, 그 여파로 중국의 수입시장 점유율 1위 국은 일본에서 한국으로 교체됐다.

　이에 일본 정부는 상품 및 서비스 보상, 각종 중앙 정부 차원의 유인 정책, 대체 시장 발굴 등 다각적인 대응에 나섰고. 일부 기업은 중국에서의 투자를 철회하고 동남아로 사업을 이전하거나 본국으로 돌아가는 것을 선택했다.

　일본 기업들은 중국의 반일 감정에도 불구하고 이를 악물고 중국 시장을 더욱 면밀하게 공략했다.

한국과 일본, 대만 등 세 나라의 기업들은 최근 수년간 중국 시장에 대한 의존도를 줄이기 위해 동남아와 남아시아 시장으로의 진출을 확대해 왔다.

한·미 양국의 한반도 사드 배치 결정 이후 중국 당국은 한류 금지령에 이어 한국행 전세기 운항 불허, 한국산 배터리 탑재 차량에 대한 보조금 지급 제외 및 롯데마트 영업 정지 등 보복 조치를 이어가고 있다.

그러므로 한국 기업은 동남아 한류 수출 시장을 적극적으로 잡아야 한다.

인구 6억 3천만 명의 아세안 국가와 7년 후 세계 인구 1위를 달성할 것으로 예상되는 인도로 진출하자.

한국 기업은 이미 몇 해 전부터 동남아 국가들에 투자를 시작했고 아세안(ASEAN)에 대한 한국의 해외직접투자(ODI) 규모는 2014년을 기점으로 중국의 투자 규모를 앞질렀다.

한국 기업들이 중점적으로 투자하는 대표적인 나라는 베트남이다. 한국 기업들의 베트남 진출은 전자와 철강, 건설업에서부터 금융, 법률 등 서비스업으로까지 전방위로 확산되고 있다. 올해 1~2월 한국의 대베트남 수출 규모는 전년 동기 대비 40% 정도 늘었다.

한·중 간 사드 갈등의 대표적인 피해자인 롯데도 베트남 시장의

문을 두드리고 있는 대표적인 기업이다. 롯데는 최근 급증하고 있는 베트남의 중산층을 겨냥한 마케팅을 강화하고 있다.

이제, 중국의 조처에 맞서 동남아 지역으로 한류 수출 시장을 넓히는 작업을 시작할 때가 왔다.

홍콩과 대만, 태국, 싱가포르, 베트남, 캄보디아, 인도네시아, 말레이시아, 미얀마 등지의 시장을 개척하는 데 힘을 기울이자. 인도를 중심으로 한 스리랑카, 방글라데시의 남아시아로 나가자. 중국의 경제 보복을 먼저 겪었던 일본과 대만을 모방하자.

중국은 지난 2010년 일본과의 센카쿠 영토 갈등이 불거졌을 당시 전자제품에 필요한 희귀 금속인 희토류 수출을 중단하는 등 경제 보복을 가했다. 동시에 중국인들에게 일본 관광을 자제시키고 도요타자동차를 뇌물 공여 혐의로 조사하기도 했다.

2012년에는 일본 정부가 센카쿠 열도 국유화를 선언하자 중국은 일본 제품 불매 운동까지 벌였다.

2012년 일본의 센카쿠 열도 국유화 선언과 이에 따른 중국의 경제 보복 조치 이후 일본의 다국적 기업들은 동남아와 남아시아로 이동하고 있다. 일본 기업들은 중국에 있던 공장을 동남아로 이미 이전하기 시작했다.

대만의 경우 지난해 1월 총통 선거에서 대만 독립을 주장하는 차이잉원(蔡英文) 후보가 승리하자 중국은 대만 여행 금지 등 경제 제재를 취했다. 대만의 지난해 10월 중국인 관광객 수는 전년 대비 55%

나 줄어든 것으로 조사됐다. 대만 역시 동남아로 눈을 돌렸다. 태국 국민들에 대한 비자 면제 조치를 취하는 등 새로운 시장 개척을 위한 노력을 기울인 것이다. 대만의 해외직접투자에서 중국이 차지하는 비중은 2010년 84%에 달했으나 지금은 51%로 떨어졌다. 반면 대동남아 직접투자 규모는 2011년에서 2015년에 이르는 기간 동안 두 배나 늘었다. 2006년에서 2010년까지의 기간 동안 6%에 불과하던 대만의 대동남아 직접 투자 규모는 현재 15%에 달하고 있다.

한국의 대중국 진출 기업에게 진정으로 묻고 싶다.

중국은 한국 기업을 향한 경제 보복을 통해 기대만큼 충분한 자국의 수익을 얻었는가?

중국은 한국의 파트너로서 진정으로 한국 기업의 이익을 대변하여 주었는가?

그들이 진정으로 한국 기업이 전수해준 기술을 파트너로서 잘 보호해 주었는가?

한국 기업, 이제 중국을 뒤로하고 동남아와 인도로 진군하자. 제4차 산업혁명 시대에 아세안의 주인공은 바로 대한민국이다.

출처: 〈Korea IT Times〉(http://www.koreaittimes.com)

K-푸드 일어나라

지금 아시아 유통 시장은 세계에서 가장 빠른 속도로 발전하고 있다.

인도 온라인 유통 시장 2017(The Indian Online Retail Market, H1 2017) 보고서에 따르면 현재 세계에서 가장 빠르게 성장하는 온라인 소매 시장은 인도이다.

이 보고서에서 인도의 온라인 구매자는 가장 좋아하는 온라인 쇼핑몰로 '아마존'을 꼽았다.

또한, 아마존은 인도에서 식품 판매 허가를 받은 온라인 식료품 카테고리에 대한 입지를 확립하려 하고 있다. 이에 따라 식품 소매

체인 공급망을 개발하고 현지에서 생산된 제품을 판매할 수 있는 음식 전용 매장을 개설하는 데 5억 달러를 투자하기로 결정했다고 한다.

한국 유통 기업의 해외시장 확대가 시급한 상황에서 업계가 일제히 '무슬림 시장' 카드를 꺼내 들었다. 바로 '할랄(Halal) 시장'이다.

이슬람 시장이 주목받는 이유는 무슬림 인구의 지속적인 증가와 경제 성장에 있다. 무슬림 시장은 이미 중국이나 미국 시장을 능가한다.

이슬람을 믿는 무슬림은 18억 명으로, 전 세계 인구의 약 23%를 차지한다.

젊은 인구도 해마다 증가하고 있다. 톰슨 로이터는 젊은 무슬림 인구가 점차 증가함에 따라 2030년에는 전 세계 청년층(15~29세) 인구 중 무슬림이 29%를 차지하게 될 것이라고 예측했다.

아시아에서는 인도네시아, 말레이시아, 인도가 주요 무슬림 시장이다.

이와 함께 베트남이 '떠오르는 시장'이라는 데엔 큰 이견이 없을 것이다.

한국의 롯데마트, 이마트, GS25 등이 베트남 유통 시장에 적극적으로 진출하고 있다.

작년 태국 유통업체들의 베트남 유통업 진출은 인상적이다.

태국 업체들은 현지의 빅씨 마트, 메트로 등을 인수하면서 베트남에 근거지를 확보하는 데 성공했다.

무관세와 지역적으로 가까워 물류비, 생산비 등에서도 강점을 갖고 있다.

양국은 문화적으로도 매우 비슷하다.

태국 상품이 앞으로 봇물 터지듯 베트남 시장으로 들어올 가능성이 높다는 얘기다.

현재 K-푸드의 해외 진출에 있어서 가장 큰 문제점은 시장 편중이다.

미국, 일본, 중국 3개국의 수출 비중이 50%를 넘는다.

농수산물의 경우 김은 국내 생산량의 40% 이상이 수출이다.
미국의 주요 유통업체인 코스트코(COSTCO)의 400여 개 매장에서
판매되는 양만 해도 컨테이너로 연간 1,000개 이상이다.

여기서 알 수 있듯이 코스트코와 같은 자이언트 리테일러(Giant
retailer)에 입점하기 위한 전략은 매우 중요하다.

예를 들어, 국내의 경우 이마트, 롯데마트, 홈플러스와 편의점인
GS25와 CU 등에만 상품이 입점할 수 있다면 해당 기업은 성공적인
매출을 올릴 수 있다.

이것은 빅 바이어(Big buyer), 즉 자이언트 리테일러에 대한 입점 전략이 매우 중요하다는 것을 의미한다.

아시아를 예로 들자면, 싱가포르의 경우에는 주요 유통업체인 페어 프라이스(Fair Price), 콜드 스토리지(Cold Storage) 등에 입점할 수 있다면 그 상품은 다른 유통 채널을 포기하더라도 오프라인에서 상당한 성과를 거둘 수 있다는 것이다.

그렇다면 좋은 제품을 가진 한국의 중소기업들이 각국의 자이언트 리테일러들과 일일이 상담할 수 있을까?

안타깝게도 중소 제조업체들은 운이 좋게 외국의 능력 있는 벤더

(Vendor)를 만나야만 가뭄에 콩 나듯 그런 기회를 잡을 수 있다.

그러면 이러한 역할, 즉 각 나라의 자이언트 리테일러와 한국 기업들의 입점을 도울 수 있고 한국 기업들에게 시장을 이해시키고 때론 시장 진입 시 필요한 교육을 도맡아서 해야 할 곳은 어디일까?

이 역할을 코트라(KOTRA)에서 보다 적극적으로 수행해야 한다고 생각된다.

코트라는 각국의 유통시장을 이해하고 있고 기업 특히 중소기업을 잘 이해하며 지금도 한국 기업의 수출의 첨병으로 업무를 수행하고 있다.

코트라의 역할이 어느 때보다 중요시되는 시점이다.

올해는 K-푸드 수출 10조 원의 시대가 도래할 듯하다.

라면을 위시한 초코파이, 만두, 김 등을 중심으로 가공식품 중심으로 K-푸드를 수출하고 있고 미국은 수출 시장의 27%를 차지하고 있다.

이제 K-푸드 수출을 동남아, 인도, 이슬람 시장으로 다변화해야 할 시점이 왔다.

여기서 잠재력이 큰 이슬람 시장으로의 적극적인 진출이 필요하다.

이슬람의 총인구는 약 18억 명이다.

이 시장의 진출을 위해서 반드시 할랄(HALAL) 인증이라는 정부의 지원이 필요하다.

할랄 식품 시장은 2012년에 1조 880억 달러 규모였고 올해에는 1조 6천억 달러까지 성장할 것으로 예상된다.

이것이 세계 최대의 식품기업인 네슬레가 세계 150개 공장에서 300개의 할랄 인증 제품을 생산 및 판매하고 있는 이유이기도 하다.

국내에도 120여 개 업체에서 인증을 획득하였지만, 아직 많이 부족하다.

좌로 1보 이동하라

일반적으로 대한민국의 보수주의자들은 우익에 속하며 가족적 가치, 자유 시장경제를 중시하며 국가 안보를 중요시한다.

하지만 금번에 보수를 자처하는 세력이 보인 행태는 보수이기보다는 수구 세력의 행태였다.

대한민국의 보수는 먼저 50도가 넘는 열사의 땅 중동에서 대수로 및 건설 한국을 드높이고, 미국 프리미엄 가전 시장에서 시장 점유율 1위와 3위를 쟁취하고, 반도체와 자동차 휴대폰 등의 성공적인 글로벌화를 이루어야 한다. 그리고 아시아의 안방을 점령하고 이제 세계로 뻗어 나가고 있는 K-DRAMA와 K-POP, 즉 한류를 전파하고 있는 대한민국을 비록 인기가 없지만, 진정한 보수로서의 자부심과 그동안 대한민국의 경제를 견인해온 선배들을 자랑스러워해야만 한다는 전제 조건이 있다.

어울리지 않는 진보의 옷을 입으려 하고, 아무 곳에서나 작든 크든 텐트 치고 이러면 영영 가망이 없다.

이제까지 정경유착을 통해 한국 기업이 성장해 왔다는 것은 누구도 부인할 수는 없다.

하지만 누가 뭐라고 해도 한국의 눈부신 성장과 발전에는 대한민국의 기업들이 있었다.

한국의 기업들은 전후로 아무것도 없던 이 땅에서 자랑스러운 대한민국을 고급으로 브랜딩(branding)하였고 세계 12위의 경제 대국으로 성장시켰다.

한국의 기업인들은 별을 보고 출근했고 별을 보고 퇴근했다. 죽기 살기로 세계 1등 수준의 제품을 만들고 세계 시장을 품고 달려왔다.

필자가 자신 있게 말할 수 있는 것은 대한민국의 가장은 한국의 기업들이라는 것이다.

필자는 1966년생이다.

거의 좌익, 즉 주위에 진보적 사상을 가진 친구들이 대부분인 386세대이다.

오래전 필자는 초등학교 6학년 때 〈어린이 조선일보〉 기자였다.

자연스럽게 보수의 가치를 가졌고, 자신 있는 논조의 〈조선일보〉를 구독했고 〈뉴욕타임스〉를 읽었다.

세계의 복잡한 정세를 가장 쉽고 이해하기 쉽게 풀어주는 〈뉴욕타임스〉의 토머스 프리드먼(Thomas L. Friedman)이 필자가 좋아하는 칼럼니스트이다.

386세대에서 보수의 가치를 지닌 이는 드물었고 대학 시절 전방 입소 교육을 거부하며 버스 앞에 누워 시위하던 학우들을 뒤로하고 나는 전방 부대 입소 버스에 가장 먼저 올라탔다. 그래서 나를 포함한 2명만이 제시간에 전방 입소를 하였던 기억이 난다.

나라님 말씀을 잘 들어야 한다는 부친의 말씀을 되새기며.

운동권 학생들과 진보주의자들이 국가와 나라를 위해 걱정하던 시절, 나는 한 대기업에서 수출 영업사원으로 냉장고를 팔기 위해

두꺼운 상품 소개서를 들고 아시아의 슈퍼마켓과 음료 회사, 아이스크림 회사를 돌아다녔다.

20년 전 나의 고객들은 'Made in Korea'를 무시했었고 고객들은 'Made in Japan'이나 유럽의 제품을 찾았었다.

나에겐 항상 일본은 넘기 어려운 벽이었다.

한국의 기업들은 일본 기업에게서 기술을 전수받았고 한국의 기업들은 'Made in Korea'라는 원죄를 안고 가격을 내리고 또 내렸다.

그러나 20년이 지난 지금, 한국은 새로운 기회를 맞고 있다. 어떤가?

삼성과 LG, SK는 휴대폰과 반도체를 가지고 일본 기업들을 압도하고 있고, 시세이도와 가네보로 대변되는 J-뷰티에 설화수와 후의 K-뷰티는 밀리지 않는다.

프리미엄 미국 가전 시장에서 대한민국 브랜드는 1위 3위를 차지하고 현대·기아차도 어려운 환경에도 품질 경영으로 선전하고 있다.

한류는 아시아의 안방 시장을 점령하고 BTS는 전 세계를 돌아다니며 한류의 첨병 역할을 해내고 있다.

이렇게 주식회사 대한민국은 순항하고 있다.

대한민국의 보수와 기업들이 코리아를 글로벌화하고 있고 고급으로 브랜딩 하고 있다.

  그동안 대한민국의 보수와 기업들은 대한민국의 생활비를 벌어 오
는 가장이었다고 나는 자신 있게 말할 수 있다.
  그래서 철없는 가장인 현 정부에 대해 보수는 공정하고 당당하여
야 할 필요가 있다고 생각된다.

  자신 있게 진보 세력이 잘한 것은 잘했다고 해 주고 반대를 위한
반대는 삼갔으면 하는 바람이다.

  얼마 전의 한 연구 결과 보고서에 의하면 유연한 대북·안보 전략
에 반대되는 강경한 노선만을 고수한 탓에 보수 유권자들이 분열했

다고 진단했다.

　이 보고서는 한국당이 보수를 결집할 수 있는 합리적 보수 노선의 정책을 제시하지 못했다고도 판단했다.

　이에 따라 '유연하고 실용적인 대북 정책 포용', '합리성과 효율성에 근거한 보수 노선의 경제정책 수립', '보수의 도덕적·윤리적 가치에 바탕을 둔 주요 사회 의제 설정' 등이 필요하다는 의견이 있었다고 한다.

　한국 보수주의에 대한 문제점은 맹목적인 프레임에 너무 연연한다는 것이다.

　과거의 반공이 우리 체제의 생존을 유지하기 위한 수구적인 도구였다고 할 때, 현재 한국의 상황은 많이 복잡하고 미묘하다.

대한민국의 보수는 이제 전쟁도 불사하는 낡은 대북·안보 프레임을 버려야 할 시기가 도래했다.

영국의 보수가 보수(Repair)하는 것처럼 한국의 보수도 보수(Repair)가 필요하다.

대한민국 보수, 좌로 1보 이동해야 한다.

더 이상 대한민국에
보수 정권은 없다

대선이 끝나고 새로운 정권이 탄생했다.

앞으로 보수 정권은 더 이상 없다.

국민과 호흡하지 않고 자기 길을 가는 전략 없는 보수에 더이상
미래는 없다.

인기 없는 보수는 반성도 없다.

영국의 보수는 보수(Repair)를 하는데, 대한민국의 보수는 보수
(Repair)도 없다.

정당의 목표는 국민의 행복이 아니고 정권 창출이니 힘을 내자.

인기 없고, 공감대가 형성되지 않고, 시대는 변하는데, 대한민국의 보수는 아직 그 자리다.

프랑스 새로운 정권의 탄생을 지켜보면서도 보수(Repair)는 없다.
변해야 하는데도 아직도 1910년대에 출생한 프랭크 시나트라의 〈마이웨이(My Way)〉를 부르고 있다.

독일 출장 이야기

약 20여 년 전, 필자는 회사 일로 독일 출장을 가게 되었다.

프랑크푸르트 공항에서 기차를 타고 울름을 거쳐 라이프하임이라는 독일 남쪽의 조그마한 시골에 도착했다.

늦은 저녁, 조그마한 호텔에 도착한 필자는 식당 구석에서 독일식 수프로 식사하는 한 독일인과 얘기를 나눌 기회가 있었다.

7~8년 전에 이미 통일된 독일에서 그는 동독 출신이었고 공장의 설비를 판매하는 일을 하는 사람이었다.

이런저런 이야기를 나누다가 나는 호기심에 통일이 되니 어떤 느낌이냐고 그에게 물어보았다.

그는 식사를 잠시 멈추고 별로 행복하지 않다고 대답했다.

왜냐하면 통일 후에 무상이던 자녀들의 수업료가 갑자기 유료로 변하고 그동안 무료로 사용하던 시설들에 돈을 내야 해서 당황스럽다고 했다.

시장 경제에 익숙하지 않던 동독인들은 새로운 환경에 적응하는 시간이 필요했던 것이다. 통일된 지 7~8년이 흐른 그때까지도 힘들어하던 그가 생각난다.

통일 전 동독은 가정마다 승용차를 보유하고 있을 정도의 생활 수준을 가지고 있었다. 현재 지금의 남한과 북한처럼 경제적·문화적으로 이질감이 그리 크지 않았다.

며칠 전 남북 정상회담이 있었고 남측과 북측에서는 판문점 선언문을 공동으로 발표하였다.

이제 반대를 위한 반대의 시대는 가고 있는 듯하다.

트럼프 미국 대통령도 남북 관계가 이렇게 진전된 적은 없다고 했다 한다.

또한 〈워싱턴 포스트〉도 이번 합의는 이전보다 다를 것이라는 기대를 표시했다.

영국의 공영방송인 BBC도 김정은 위원장이 이날 군사분계선을 넘은 첫 번째 북한 지도자가 됐다며 남북의 정상이 서로 악수하는 장면은 상징적이고 장관이었다고 평가했다.

한편으로는 29일 자 〈뉴욕타임스〉에서 칼럼니스트인 크리스토프는 북한이 변하지 않았고 회의적이라는 칼럼을 게재했다.

그는 "한국과 중국이 북한에 대한 제재를 풀고 대규모 지원을 할 날이 머지않았다."라고 했으며 북한은 모든 것을 얻었다고 하며 회의적이라는 단어를 5번이나 사용하였다.

버락 오바마 행정부 시절 국무부 정무차관으로 대북 협상을 담당했던 셔먼 역시 김정은이 문재인 대통령과 화기애애하게 대화했다고 해서 북한이 변했다는 섣부른 기대는 하지 말아야 한다고 했다.

2013년 『인터내셔널 저널 오브 비즈니스 휴머니티스 앤드 테크놀로지(International journal of business humanist and technology)』에 발표된 논문에서는 인터넷 보급률이 높은 나라일수록 GDP도 높다는 상관관계를 밝혀냈다.

즉, 정보통신기술 발전이 높을수록 GDP 수준도 높아진다는 것이다. 매켄지는 또한 세계화를 가늠하는 독자적 척도를 만들었는데 이것은 인터넷 보급 등을 통한 글로벌화 흐름에 대한 참여였다.

2016년 브로드밴드 현황 보고서(The State of Broad band 2016)에서는 전 세계에서 북한만이 개인의 인터넷 접근을 막고 있다고 지적했다.

북한은 '전체 인구 중 인터넷을 이용하는 주민의 비율'과 관련한 국가별 순위에서 전체 대상 147개국 중 146위로, 147번째인 남태평양의 섬나라인 나우루와 함께 1% 이하로 평가되었다.

남북 경협(경제 협력) 재개 시 IT 산업 분야에서의 협력이 선행되어야 하는 이유이다.

남북 정상 판문점 선언 이후 정상회담에서 경제 협력 문제는 논의되지 않았고 공동선언문에서도 경협에 관련한 직접적인 언급은 없었지만, 신한용 개성공단 기업 회장은 남북 공동 연락사무소 설치를 개성공단의 재가동 신호로 봐도 무방하지 않겠느냐는 의견을 내놓았다고 한다.

독일의 통일 과정을 살펴보면 동방 정책에 근거하여 냉전체제를 극복하려는 외교적 노력 외에도 1973년 동독 정부의 서독 텔레비전 시청의 허용과 통행 및 서신 교환의 허용이 통일의 근간이 되었다는 것을 알 수 있다.

동독은 유럽의 공산주의 국가들 중에서 가장 잘살았던 국가 중의 하나였다.

IT 산업 교류를 통한 서로의 문화의 이해가 통일 전에 선행되어야 한다. 역사에 이름을 남기기 위해서, 또는 실적에 욕심을 내어 임기 내에 남북 간 교류를 무리해서 진행하는 것은 바람직하지 않다.

서로를 이해하는 시간이 필요하다. 평화의 토대 위에 천천히 가도 나쁘지 않다.

　동시에 하나의 북한(One North)에 관한 진지한 고려가 필요한 시점이다.

신경 쓰지 마세요

어제는 바쁜 날이었다.

오후 4시가 넘어 이스라엘의 YONACO 사의 이직 요나(Mr. Itzik Yona) 사장과 인터뷰가 잡혔다. 급히 택시를 타고 학동의 한 커피숍에 도착해서 인터뷰를 시작했다.

YONACO 사는 이스라엘 텔아비브에 소재하는 이스라엘과 한국기업의 비즈니스 및 투자 자문 서비스를 제공하는 회사다. 평소 한국 기업에 관심이 많은 요나 사장과의 인터뷰에 나는 관심이 있었다. 이스라엘은 작지만 강한 나라다.

주로 이스라엘과 한국의 IT 산업 및 의료기기 기업들에 관해 이야기하던 중 요나 사장은 북한의 미사일 발사에 의문을 나타내며 한국인들이 너무 안보에 무관심한 것 아니냐는 질문을 했다.

6월 14일 자 〈뉴욕타임스〉엔 칼럼니스트인 토머스 프리드먼(Thomas L. Friedman)의 같은 내용의 칼럼이 게재됐다.
한국 방문 때 휴대폰으로 북한 미사일 발사 경고 메시지를 받고 호텔에서 사이렌 소리를 기다렸으나 평범한 일상과 한국인의 무감각한 대응에 놀랐다는 내용이었다.

그는 한국의 분위기에 관해 그냥 '또 한 번의 미친 북한 친척의 미사일 시험(Another North Korean missile Test)'이라고 전했다.

개성공단이 재가동이 고려된다고 한다.

나는 오래 전에 경기도 파주에서 군 복무를 했다.

군 복무 시절 나의 임무 수첩에는 내 임무가 북한의 전쟁 도발 시 파주에서 급속 행군으로 48㎞ 거리인 개성의 송악산에 도착해 발전소를 타격하는 것이라고 적혀 있었다.

참 아이러니하다.

지금 나의 옛 전우들은 군 복무 시 무리한 훈련으로 대부분 무릎이 안 좋아져 지금도 고생을 하고 있다.

나는 요즘 누구를 위해서 힘든 군대에서 나의 소중한 젊음을 바쳤을까 하는 깊은 의문이 든다.

Thank you for the music

음악이 고마워.

심심할 때도 있지.
실망할 때도 있지.
생각하고 싶을 때도 있지.
즐겁고 좋을 때도 있지.

음악이 고마워.

Thank you for the music.